AF366314

# APPLICATION

DE LA

# DOCTRINE DACTYLOLOGIQUE.

SE TROUVE A PARIS

CHEZ

**DIDOT FRÈRES** (FIRMIN),
TILLIARD (VICTOR), rue Serpente, 20,
DIDRON, à la Librairie archéologique,
rue Hautefeuille, 13.

TYPOGRAPHIE DE FIRMIN DIDOT FRÈRES,
IMPRIMEURS DE L'INSTITUT,
RUE JACOB, 56.

# LECTURE

## LITTÉRALE

### DES

# HIÉROGLYPHES

ET DES

# CUNÉIFORMES

PAR

L'AUTEUR DE LA *DACTYLOLOGIE*

## PARIS
1833 (MARS)

# ACROLOGIE.

Vera religio, non defuit ab initio generis humani [1].

Les traditions œuvres du vulgaire n'étaient vivantes que par lui; elles se purifiaient par l'assentiment de tous, et la voix du peuple devenait la voix de Dieu.

Dès le principe, l'acrologie s'établit simultanément avec la dactylologie phonétique.

Moïse connaissait les traditions établies dès le commencement du monde : les monuments hiéroglyphiques, premiers dépositaires des faits, redirent la chute de nos premiers parents par l'acrologie appliquée à la langue primitive; le récit en fut consigné sur la pierre au moyen de figures hiéroglyphiques [2]. L'Orgueil, ce premier instigateur du mal [3], s'appela Ογκος; il fut représenté acrologiquement par un serpent, Οφις. Dans la suite, le divin

[1] Sancti Augustini Retract., lib. I, cap. xiii, n° 3.

[2] La Bible de Brentano et Dereser (Bibl. cath. allem.) rapporte une opinion semblable, et ajoute : « Il est à croire que Moïse, en transportant ce monu- ment dans son histoire graphiée littéralement, a conservé le serpent qui, sur la pierre, était un signe dénotant l'orgueil. » (2ᵉ ch. de la Genèse.)

[3] Initium omnis peccati est superbia. (Eccl., X, 15.) — In ipsa (superbia) enim initium sumpsit omnis perditio. (Tob., IV, 14.)

législateur laissa subsister le serpent protophonétique,
pour personnifier l'orgueil, si difficile à peindre, comme
tous les êtres intellectuels[1].

Cette concordance des deux O initiaux existe dans
la seule langue prohellénique[2]; il demeure évident
que les mots οφις et ογκος appartiennent à la première
langue que les hommes aient parlée.

Des autorités modernes, respectables d'ailleurs, se fon-
dant sur ce que rien d'imparfait n'était sorti de la main
de Dieu, ont avancé que le Créateur avait dû doter
l'homme d'une langue primitive complète : les choses ont-
elles pu se passer ainsi, alors qu'il est constant que ce sont
les idées qui enfantent et forment le langage? Au commencement du monde, les idées, peu nombreuses, nais-
saient de sentiments très-simples, de besoins très-
bornés, auxquels suffisait un vocabulaire de quelques
mots. Le temps multiplia les idées, et le langage s'ac-
crut en raison de ce développement. Les idées n'ont
pas été données à l'homme *in globo,* c'eût été de la pré-
science, une usurpation sur l'avenir. Aujourd'hui même,
qui oserait prophétiser le vocabulaire des mots que les
idées modernes introduites dans les sciences, les arts
et les mœurs produiront dans le courant même de ce
siècle? C'est l'ouvrage successif du temps et non une

---

[1] Voy. Weiller, Hist. et développements de la foi religieuse. Munich,
1812, p. 40-46. — Annales de Théologie. Ulm, 1808, t. II, liv. I, p. 127.

[2] En hébreu, le mot Orgueil, גאות, *gheouth,* et celui de Serpent,
נחש, *nahhasch,* ne commencent point par la même lettre ; par conséquent
ce dernier (le serpent) ne saurait fournir le sigle nécessaire pour rappeler
la phonie du nom donné à l'Orgueil.

œuvre complète et instantanée. L'homme fut-il donc imparfait, pour ne posséder ni l'omniscience ni le don de prophétie? Doué des organes nécessaires à sa conservation, à son perfectionnement et à ses autres besoins, le geste lui donna immédiatement les moyens de transmettre sa pensée. Si la voix, suivant l'expression de Diodore de Sicile, était à l'origine sans signification [1], le geste, auquel elle fut associée, détermina sa valeur, tandis que jusque-là elle se bornait à l'onomatopée. Adam reçut du Créateur l'aptitude, le libre arbitre, et non la perfection; sa chute en est la preuve.

Dès l'enfance du monde, on voit les hommes se diviser en deux classes : le vulgaire ou les ignorants, les prêtres ou les savants; mais tous étaient attachés à la tradition : les signes, les images, l'acrologie, qui la transmirent si longtemps, furent délaissés par suite du développement des idées, de la parole et des lettres.

Le respect porté aux traditions s'affaiblit dès que les Grecs se familiarisèrent avec la graphie; leur histoire, dès lors, devint un tissu de fables et de déceptions.

Le Sauveur n'employa jamais la graphie, ses enseignements sublimes furent confiés à la seule tradition.

Les Évangiles, les Actes des apôtres, comme les pratiques chrétiennes, sont essentiellement traditionnels; la graphie ne les fixa sur la matière que postérieurement. La loi civile elle-même ne fut d'abord qu'une tradition, et prit le nom de coutume.

Les gestes françaises, véritables traditions historiques,

---

[1] Τῆς φωνῆς δ'ασημου και συγκεχυμενης ουσης. (Diodore de Sicile, B. H., liv. I, ch. 8.)

répétées par des chants mnémoniques divers comme les localités, furent recueillies au xie siècle seulement.

La graphie vulgaire tardive ne s'exerça guère que sur les produits de l'imagination, sur les phénomènes de l'esprit, sur tout ce qui flattait les érudits et en faisait une classe privilégiée, plus avide de succès et de triomphes, que des bienfaisantes maximes traditionnelles.

La tradition consacre tous les droits, et spécialement celui d'hérédité, sans lequel il n'y a pas de civilisation ; et la délégation continuée à travers les siècles en faveur d'une race qui a constitué la patrie par la réunion progressive de ses parties éparses, et par une bienfaisance incessante, forme l'institution la plus respectable qui soit donnée aux hommes : la légitimité, c'est la reconnaissance des peuples envers leurs bienfaiteurs [1] ; ici la tradition, c'est la grâce de Dieu. Peut-être n'est-il pas inutile de faire remarquer qu'entre la grâce de Dieu et le droit divin, il y a une immense différence : le droit divin n'est pas du ressort temporel ; il caractérise le chef visible de l'Église, de là son infaillibilité spirituelle.

Les pharisiens étaient entièrement dévoués à leurs traditions proévangéliques, et les scribes ספרים, *sopherim*, engendrèrent les sophismes et les sophistes.

Les Gaulois et les Francs furent exclusivement traditionnaires ; chez ces derniers, la graphie vulgaire ne prit naissance qu'avec Otfrid au ixe siècle, et mit plus de deux siècles à s'établir. Nous croyons pouvoir ajouter que l'invention de l'imprimerie porta la plus rude atteinte

---

[1] Voir l'obélisque de Louqsor, cartouche théocratique.

au respect des traditions; l'empressement qu'on mit à s'initier à la lecture et à l'écriture, fit négliger, puis oublier les vieilles coutumes dactylologiques : tous voulaient « lire dans les livres; » bientôt on ambitionna l'écriture, et le papier se multiplia. À la même époque, le mépris pour les traditions porta des novateurs à protester contre l'autorité de l'Église.

Il y a des ennemis nés de l'expérience des siècles, de l'autorité de l'histoire, du respect envers les ancêtres, de la progression, naturellement lente, de tout ce que le temps fait éclore et développer avec calme, ordre et avantage pour tous : nouveaux Icares, ils n'admettent que ce qui est hostile à toutes les traditions.

L'ancien monde, loin de porter aucun préjudice au moderne, lui ouvrait au contraire une source d'utiles enseignements, si la transmission des principes vulgaires et traditionnels se fût faite comme la transmission des travaux de l'esprit et des arts.

Les générations nouvelles ignorent les anciens principes qui avaient favorisé le développement de la société; et pour l'homme initié à ces principes, l'obélisque de Louqsor est un antique Moniteur de la plus grande autorité.

La tradition s'établit d'ordinaire dans les localités illustrées par les personnages célèbres, ou par les faits éclatants, aux lieux mêmes qui en furent le théâtre et presque immédiatement après qu'ils se furent produits : le temps, qui tout détruit et renouvelle, en parcourant sa carrière amène de nouveaux événements, de nouveaux exploits, et l'attrait de la nouveauté force le passé à céder le pas au présent.

Ainsi nous avons avancé que les originaux de nos chansons de gestes françaises devaient se trouver primitivement dans les traditions des Francs au ix<sup>e</sup> siècle, et graphiées plus tard dans leur langue vulgaire. Nous apprenons qu'on vient de découvrir le texte en prose rhythmique, théotisque et original de la loi salique (*lex aulica*). Malheureusement cette langue vulgaire, dédaignée des savants, reçut des qualifications différentes; on l'appela tour à tour langue franque ou francisque, thyoise ou théotisque, tudesque, bas allemand, etc.; de là, les ténèbres qui enveloppent le berceau de nos origines littéraires.

Le prêtre Conrad a écrit au xii<sup>e</sup> siècle une version allemande de la chanson de Roland, *Ruolandes Liet* [1]; l'auteur déclare avoir fait sa traduction sur un texte écrit en langue francisque dans les États héréditaires de Charlemagne :

> Ich haize der phaffe Chunrat
> Also iz an dem buche gescribin stat
> In Franczischer Zungen,
> So han ich iz in die latine bedwngen,
> Danne in di tutifke gekeret.

Le texte franc ou francisque était composé sans doute des traditions orales et primitives.

Nous ne craignons pas de le répéter, ce genre de production, œuvre de tous, ne peut s'attribuer à un seul auteur; l'homme qui prit soin de réunir les différentes traditions, se fait connaître sous le seul titre qui lui appartienne :

---

[1] Ce texte a été publié par M. Guillanme Grimm, à Gottingue, en 1838, in-8º.

« Instaurator ipse se *Stricherum* appellat [1]. »

Ce restaurateur des traditions n'est autre que le collec-
teur des divers chants répétés dans les différentes localités (κατα, *secundum*) selon la notoriété publique [2].

Les collecteurs ont reçu à tort le nom de trouvères;
cette dénomination n'appartient qu'aux littérateurs arri-
vés postérieurement aux traditions.

Plein de respect pour tout ce qui est grand et vénérable, nous appelons de tous nos vœux, non un holo-
causte des traditions consacrées, mais leur triomphe au
contraire, afin que l'alliance de toutes les vérités puisse
affermir les convictions morales, et assurer le bonheur
commun, conséquence du progrès dans le vrai.

Un grand orateur, un grand philosophe de l'antiquité,
appréciait ainsi les spéculations philosophiques :

« Nescio quomodo nihil tam absurde dici potest, quod non
« dicatur ab aliquo philosophorum [3]. »

Varron les qualifie encore plus sévèrement :

« Postremo, nemo ægrotus quicquam somniat tam infandum,
« quod non aliquis dicat philosophus [4]. »

[1] Voy. Bibliotheca acromatica, Bibliothecæ vindobonensis. Hannoveræ,
1702, in-8°, p. 136.

[2] Les noms des lieux et des choses sont restées théotisques dans les traditions. Ainsi, pour en citer quelques-uns, Anséis signifie, grand; Ansbelm,
grand casque; Baldewin, audacieux; Beringer, courageux ; Brechmunda,
taille-fer; Chunrat, hardi; Diepolt, prompt; Durandal, tranche-rocher,
Héristal, écurie du seigneur; Chrodolant, Hraodland, Ruolant, qui vibre,
qui fait du bruit, fameux.

[3] Cicero, de Divinatione, lib. II, cap. 58.

[4] Eumenidibus; apud Nonnium Marcelhum, de proprietate serm., lib. I.

On s'en tint pourtant au classique, c'est-à-dire à la littérature, tandis que c'était à la sagesse des nations qu'on devait demander les lumières.

Les germes de la linguistique française ont été déposés dans les chansons traditionnelles du cycle carlovingien. Ils furent méconnus, parce que ces chants avaient été défigurés et travestis postérieurement, et de telle sorte que, depuis peu seulement, on consentit à s'en occuper au point de vue littéraire, c'est-à-dire sans en avoir reconnu la source, le mérite et la portée.

La chanson traditionnelle de Roland n'est pas seulement une belle production ; c'est le code pratique le plus religieux, le plus monarchique qui puisse se perpétuer parmi les hommes. On y trouve mieux que les lois de Minos, mieux que la législation de Rome païenne : le respect pour tout ce qui est sacré.

L'intelligence de l'homme a ses limites. Les savants, égarés par l'orgueil et l'esprit de corps, montrent chaque jour la fragilité de leurs arrêts ! Fulton, déclaré rêveur par les coryphées de la science officielle, n'en vit pas moins ses pyroscaphes sillonner toutes les mers. Un fameux Provençal recueillit toutes les palmes pour prix de sophismes antifrançais, etc.[1]. Une récapitulation des erreurs de ce genre serait trop pénible ; hâtons-nous d'en accuser la fragilité, l'intermittence et l'insuffisance des connaissances humaines : toute lumière vient de

---

[1] La langue des Coptes prise pour la langue des Pharaons, comme la langue provençale pour la langue de Charlemagne, sont encore des erreurs semi-officielles.

Dieu; les grandes découvertes sont dues à un génie providentiel, bien plus qu'aux déductions de la science.

Cette conviction de la lenteur et de l'infirmité dans l'intelligence des hommes tourne au profit des traditions, qui s'établissent et se perpétuent alors seulement qu'elles sont morales et bienfaisantes : la confiance dans les traditions, c'est la foi.

Les évangélistes, les apôtres, les Pères de l'Église, les conciles, le suffrage universel catholique subsistant durant dix-neuf siècles, ne peuvent être ébranlés par les efforts orgueilleux de quelques lettrés qui prétendent faire prévaloir leur intelligence isolée, infirme, versatile et passagère, sur des vérités immuables et consacrées par le concours des lumières accumulées durant des siècles, par les hommes les plus éminents chez les nations les plus avancées en morale.

Quel est l'être assez dégradé pour lever les yeux au ciel, ou les porter sur la terre, et oser nier le Créateur? L'omnipotence surnaturelle admise, où commence la difficulté des miracles?

Les premiers monuments s'élèvent pour consacrer et perpétuer les immuables principes conservés par la tradition : l'obélisque de Louqsor nous montre la reconnaissance enfantant la religion; l'autorité dévolue à l'agriculteur, c'est-à-dire à l'homme pouvant nourrir le plus grand nombre d'individus, et l'orgueil, son antagoniste, voulant usurper cette autorité au mépris de la tradition des bienfaits, qui seule peut la légitimer.

« Les traditions sont la racine de la société; malheur au
« peuple qui répudie son passé! il commet un suicide. »

La sagesse des Égyptiens est proverbiale dans l'antiquité [1];

Les Pharaons étaient fiers de s'intituler fils des sages [2]
et nourriciers des peuples;

Les auteurs anciens célèbrent à l'envi la haute science
des Égyptiens;

Le législateur du Sinaï était initié à la sagesse, aux
sciences et aux arts des Égyptiens [3];

Macrobe appelle l'Égypte, mère des sciences [4], et les
Égyptiens, pères des connaissances philosophiques [5].

C'est en Égypte que les hommes les plus illustres pui-
sèrent les connaissances par lesquelles ils se sont im-
mortalisés [6].

Par une monstrueuse aberration de l'intelligence humaine, on prétendit plus tard que ce peuple, le plus
éclairé de la terre, reconnaissait pour dieux les animaux
les plus immondes, les végétaux, les stercoraires.

L'oubli des coutumes acrologiques fit prendre le
change aux générations suivantes; on vit dans les objets

[1] Et præcedebat sapientia Salomonis, sapientiam omnium Orientalium
et Ægyptiorum. Regum, IV, 30.

[2] Isaias, xix, 11 et 12.

[3] Et eruditus est Moïses omni sapientia Ægyptiorum, et erat potens in
verbis et operibus suis. (Acta, VII, 22.)

[4] Saturn., lib. I, cap. 15.

[5] De Somnio Scipionis, lib. I, cap. 19.

[6] Dédale, Mélampe, Pythagore, Homère, Solon, Musée, Démocrite,
Apollonius de Tyane, etc. *Cœlius Rhodiginus*, liv. XVI, ch. 5.

représentés pour faire connaître le sigle littéral, l'image des dieux, tandis que ces images rappelaient simplement la phonie initiale d'un nom ; en un mot, on prit l'acrologie pour la théologie [1].

Le bon Rollin ne pouvait s'expliquer la superstition grossière qu'on attribue à la plus morale des nations. On entre, dit-il, dans un temple magnifique où brillent de toutes parts l'or et l'argent ; les yeux avides y cherchent un Dieu, et n'y rencontrent qu'une cigogne, un singe, un chat et un bouc. (Lucian, *Imag.*, § II.) [2].

Notre savant ajoute une meilleure raison : « On dit que ce n'était pas à ces animaux, mais aux dieux dont ils étaient les symboles, que se terminait ce culte [3]. » Changez *symbole* en *acrologie*, et le mot de l'énigme est trouvé.

L'hiéroglyphie, comme la dactylologie, se compose de sigles acrologiques : ce fut la loi primitive de la transmission des idées. Les figures étaient choisies de préférence dans l'ordre des idées qu'il s'agissait de transmettre.

Les modernes n'ayant aucune notion sur ce procédé [4],

[1] Fut-on plus heureux lorsque les inventions mnémoniques firent croire à une mythologie positive ? Voir *Dactylologie*, ch. VIII, p. 137.

[2] Ορνις, Osiris : Ιαλλος, Isis : Αιλουρος, Anubis : Αρην, etc.—L'antique principe prescrivait aux hommes de respecter dans tous les animaux la vie qu'ils tenaient du Créateur ; on les honorait après leur mort par respect pour le dieu que leur acrologie avait été chargée de représenter.

[3] Œuvres complètes de Rollin ; Paris, 1821, in-8°, t. I, p. 65.

[4] Voir Complément du Dictionnaire de l'Académie, au mot *Acrologie*, p. 14, col. 3.

ont pris pour des dieux égyptiens les figures acrologiques d'animaux placés sur les épaules des personnages; prenant l'objet matériel au lieu de sa protophonie, ils firent descendre le peuple le plus avancé en morale au plus bas de l'échelle des êtres, et virent en eux de méprisables idolâtres adorant les plus viles créatures.

On trouve sur la tête des trois grands dieux égyptiens les objets suivants :

| OSIRIS. | | ISIS. | | ANUBIS, AMMON. | |
|---|---|---|---|---|---|
| Οις, | brebis. | Ια, | une (plume). | Αγγος, | vase. |
| Ορνις, | oiseau. | Ιδρυω, | faire asseoir. | Αγκαι, | bras. |
| Ομφαλος, | nombril. | Ιεραξ, | faucon. | Αγκιστρον, | hameçon. |
| Ονος, | âne. | Ιξος, | gui. | Αετος, | aigle. |
| Οστρεον, | huître. | Ιον, | violette. | Αηδων, | rossignol. |
| Ους, | oreille. | Ιονθος, | duvet. | Αθηρ, | épi. |
| Ουθαρ, | mamelle. | Ιος, | trait. | Αιγωλιος, | chouette. |
| Ουρα, | queue. | Ιππος, | cheval. | Αιλουρος, | chat. |
| Οφθαλμος, | œil. | Ιρις, | arc-en-ciel. | Αιξ, | chèvre, bouc. |
| Οφις, | serpent. | Ισταμαι, | être debout. | Αιχμη, | dard. |
| Οψον, | denrées, viandes. | Ιτεα, | lance. | Ακτη, | fruit. |
| Ουρανιδης, | âme. | Ιτυς, | rond. | Ακων, | javelot. |
| | | Ιχθυς, | poisson. | Αλωπηξ, | renard, loup, chacal. |
| | | Ιψος, | lierre. | Αμνος, | agneau. |
| | | | | Ανθος, | fleur. |
| | | | | Αρκτος, | ours. |
| | | | | Αρρην, | mâle, bélier. |
| | | | | Αρτος, | pain. |
| | | | | Ασπις, | aspic. |
| | | | | Αστηρ, | étoile. |
| | | | | Αρκυς, | rêts. |
| | | | | Αιρω, | dresser. |

Isis porte en tête une plume, tandis que sa protophonie réclame un I ou trois plumes : voici pourquoi : en probellénique on a dit d'abord,

εις, εια, εν; puis
εις, ια, εν; enfin
εις, μια, εν.

Les honneurs rendus au bœuf Apis ne prouvent pas l'existence du culte des bêtes. Apis était adoré en Égypte, parce qu'on croyait qu'Osiris, en quittant la terre, avait transmis son âme au corps d'un bœuf, symbole de l'agriculture, Απις, acrologie de Αγρονομος; à la mort du quadrupède, elle passait au corps d'un autre bœuf, dont les caractéristiques étaient connues des prêtres.

Les Indiens, et surtout la nation chinoise, stationnaire par excellence, puisqu'elle emploie encore aujourd'hui la dactylologie primitive[1], ont conservé ce premier nom du Créateur que l'homme ne devait jamais prononcer[2], Iao[3], nom biblique et trinitaire, יהוה, qui, avec les aspirations archaïques, fit chez le peuple de Dieu *Jehaho*, *Jehova*, tandis que chez les infidèles il devint *Jovis*, d'où *Jovis Pater*[4].

Le primitif Ioa enfanta par l'acrologie la triple divinité égyptienne *Isis, Osiris, Anubis*. Les noms et la forme sont l'ouvrage des hommes; l'esprit, le prototype, c'est l'omnipotence éternelle.

L'antique Bithynie conservait la langue prohellénique comme langue savante; les Bithyniens imaginèrent douze signes acrologiques représentant les mois de l'année à

---

[1] Mandarinorum lingua. *Dactylolog.*, p. 70. Les Indiens sont dans le même cas.

[2] Composé de trois sons aériens, figurés eux-mêmes par des plumes chez les anciens, afin de les spiritualiser autant que possible.

[3] Il était naturel de penser que ce premier nom de la Divinité devait se reconnaître dans quelque composé de la langue primordiale, et cela existe en effet. Iao a fait Ιαομαι, *guérir*, parce que le grand guérisseur est Dieu lui-même, et que l'on attribuait quelque chose de divin à celui qui soulageait ses semblables.

[4] Dont s'est formé par contraction *Jupiter* : « Quod est in elisis aut immutatis quibusdam literis *Jupiter*, id plenum atque integrum est *Jovis pater*. » Aulugel., N. A., v. 12.

la même époque où s'introduisit chez eux le culte des
douze grands dieux. Chaque signe rappelait le nom d'une
des divinités, et cette série reçut plus tard la dénomination de *zodiaque*. Les mois de l'année, chez les Bithyniens, portaient, suivant leur ordre, les désignations
suivantes en langue prohellénique :

| | | | | | |
|---|---|---|---|---|---|
| Αφροδισιος, | Δημητριος, | Ηρχιος, | Ερμειος, | Μητρωος, | Διονυσιος, |
| Vénus, | Cérès, | Junon, | Mercure, | Cybèle, | Bacchus, |
| Ηραχλειος, | Διος, | Βενδιαιος (prohell.), | Στρατειος, | Αρειος, | Περιεπειος. |
| Hercule, | Jupiter, | Diane, | Minerve, | Mars, | Priape. |

Le zodiaque se compose des douze signes suivants :

| | | | | |
|---|---|---|---|---|
| Capricorne, | Αιγοχερως, | Αρεσχω, | plaire, | VÉNUS. |
| Verseau, | Δευω, | Δημητηρ, | moisson, | CÉRÈS. |
| Bélier, | Κριος, | Κοιρανη, | reine, | JUNON. |
| Taureau, | Ταυρος, | Τεχνη, | ruse, | MERCURE. |
| Gémeaux, | Διοσκουροι, | Δαμαρ, | mère, | CYBÈLE. |
| Écrevisse, | Καρχινος, | Κωμος, | orgie, | BACCHUS. |
| Poissons, | Ιχθυς, | Ις, | force, | HERCULE. |
| Lion, | Λεω, | Λαγετης, | maître, | JUPITER. |
| Vierge, | Παρθενος, | Βενδις (prohell.), | vierge, | DIANE. |
| Balance, | Ζυγας, | Στρατηγια, | commandement, | MINERVE (PALLAS). |
| Scorpion, | Σκορπιος, | Στειδω, | se battre, | MARS. |
| Sagittaire, | Τοξοτης, | Ταλλω, | faire naître, | PRIAPE. |

D'où il suit que le zodiaque n'est autre chose que la
nomenclature hiéroglyphique des noms des mois formant le calendrier bithynien.

Suivant William Jones, bon juge en cette matière[1],
le zodiaque indien était connu 2200 avant J.-C. (vers le
temps de Ninus); les figures acrologiques qui le com-
posaient ne différaient guère, quant au fond, de celles

---

[1] Voir Drummond, Œdip. Jud. Prelim. Notice, p. xxxviii et xxxix.

qu'offre le zodiaque adopté plus tard par les Égyptiens et les Grecs.

Le calendrier antique changea plus tard son caractère mensuel astronomique, et devint purement astrologique [1]. M. Letronne a suffisamment prouvé que les zodiaques trouvés dans les tombeaux égyptiens sont des monuments postérieurs à notre ère, et qu'ils donnent le moyen de reconnaître la constellation sous l'influence de laquelle est né le personnage, et ouvrent ainsi la carrière aux absurdités de l'astrologie judiciaire.

La question agitée par Dupuis perd toute valeur : il ne s'agit pas de discuter, en raison de la précession des équinoxes, l'époque rétrospective où la constellation parcourait le signe correspondant du zodiaque, puisque le nom de ce signe, tout acrologique et hiéroglyphique, était employé uniquement pour rappeler le nom du mois de l'année, présidé par l'un des douze dieux.

Nous lisons sur un zodiaque antique, mais égyptien, de notre collection, sous la figure du Verseau :

Τρυγη Αδινη Βροχη  Τρεις        Νοτος    Τειρων Παραδεισους Φυσση      Αζιον.
Moisson fertile par l'eau abondante, le vent du nord dévastant les jardins par son souffle desséchant.

La fixité dans la corrélation des étoiles avec les signes zodiacaux correspondants était-elle une opinion des anciens peuples pasteurs? Il est permis d'en douter : la série des dénominations attachées aux astres en raison, plus ou moins fondée, de la forme de leurs groupes, est nombreuse; il était naturel d'y faire entrer les noms

[1] Voir Observations sur l'objet des représentations zodiacales; Paris, 1844, in-8°.

des dieux qui avaient servi à former les dénominations des douze mois. Les zodiaques des diverses nations ne gardent pas le même ordre respectif des figures et présentent de notables différences, preuve de la non-concordance primitive des constellations et des signes du zodiaque.

Depuis la plus haute antiquité, les constellations sont qualifiées de *signes*, Σηματα, Σημεια; en arabe, علامات ; en hébreu, אותות· Ces véritables *signes* étaient acrologiques; ils rappelaient les noms des dieux et demi-dieux, comme les signes du zodiaque représentaient protophonétique-ment les attributs des douze grands Olympiens. Par la même raison, les figures hiéroglyphiques devaient, dans l'antiquité, porter le nom de *signes*.

Nombre de preuves résumées par le docte Saumaise établissent que les Chaldéens de la Babylonie furent les inventeurs du zodiaque [1].

Au centre du zodiaque de notre collection se trouve le créateur Ammon; derrière lui l'Εγχελυς, *anguille*, sigle de Ευσεβια, *religion;* au-devant on voit un Χορτο-κοπος, *faucheur*, sigle de Γεωργος, *cultivateur* : la vie phy-sique d'abord, la vie de l'âme ensuite.

Nous savons que les inscriptions hyperantiques, écrites en sigles, et elles sont toutes ainsi jusqu'au temps des Césars, sont sujettes à rectifications; un sigle interprété

---

[1] Au temps de Bélus, vingt et un siècles avant J.-C. — Voir, pour ce qui regarde les Chaldéens, sir Drummond, p. xxxv de son OEdipus Jud. — Aussi William Jones, président de la Société asiatique. Voir Plinianiæ exercitationes Salmasii, p. 448 à 451.

d'abord d'une manière peut, à l'aide de données nouvelles, se modifier et présenter un sens plus développé;
cela tient à la nature du mode usité par les anciens, qu'il
faut bien admettre, puisque les monuments des épo-
ques primitives ne nous en montrent d'aucune autre
sorte : soumettons-nous donc à la loi de la nécessité, et
tâchons de nous initier à la manière antique, que rien
ne saurait plus changer.

Si quelques sigles peuvent et doivent se rectifier, ne
rejetons pas des explications qui fournissent les moyens
de nous initier à l'histoire et aux mœurs de ces nations
mal connues, par suite des préjugés absurdes et des
anomalies qui un jour feront rougir même les écoliers.

On a plaisanté plus ou moins spirituellement sur le
mode primitif et universel de l'acrologie, et on l'a qua-
lifié de burlesque. Une saillie n'est point une raison,
et personne ne s'est avisé de trouver burlesques les
inscriptions lapidaires antérieures aux Césars, quoique
là aussi le sigle du nom de Dieu soit le même que celui
du diable.

         D .     O .     M .   Deo Optimo Maximo

pourrait s'interpréter aussi bien par

              Dedicatio Obelisci   Magni,
              Decreta   Omnibus  Mors,
              Dat        Omen      Malum,
              Diabolus Oppressus Mœret, etc., etc.

Et néanmoins jamais on ne s'y trompe. Malgré la défectuosité du texte de Horapollon (Philippe), l'érudit

Klaproth[1] avait constaté l'existence de l'acrologie, sans laquelle on ne saurait faire un pas dans la traduction des hiéroglyphes. Cette découverte devait demeurer sté- rile, tant que le savant allemand, docile aux influences de l'époque, adoptait la langue copte comme interprète des hiéroglyphes.

Les Égyptiens nous laissèrent plus de monuments hiéroglyphiques que les autres nations ensemble. C'est hier seulement, et par l'application improvisée du procédé primordial de l'acrologie, que la lecture en est devenue certaine.

La lecture des hiéroglyphes était une conséquence de nos recherches sur la langue primitive et sur le mode acrologique : d'abord, nous ne nous sommes pas occupé des hiéroglyphes, ils n'ont été interrogés par nous que subsidiairement. Et c'est presque sans travail que les conséquences de nos premières découvertes ont résolu le problème, objet des persévérantes investiga- tions du monde savant.

Il ne serait pas étonnant que quelques signes hié- roglyphiques classés dans l'alphabet de M. Champol- lion jeune ne fussent pas à leur place; nous les avons pris d'abord tels qu'on les a donnés, nous bornant à faire connaître leur acrologie, qui seule devait les ga- rantir d'interprétations hasardées, et leur assigner une valeur phonétique exacte, en révélant la langue des textes,

---

[1] Voir Lettre sur la découverte des hiéroglyphes acrologiques, adressée à M. le chevalier de Goulianoff; Paris, 1827, in-8°.

et substituant le positif d'une lecture littérale aux hypothèses d'une interprétation idéologique, à toujours controversable.

Lors de la renaissance des lettres, quand les classiques sortirent de leur poussière, les savants du xvie siècle furent soumis à une épreuve plus difficile que celle
qui nous est réservée. La défectuosité des textes, leur
peu de concordance, leurs interpolations, corruptions,
adultérations, mutilations, œuvre des siècles et des générations successives, rendirent le déchiffrement plus
ardu, plus problématique, que ne le sont aujourd'hui,
non les interprétations idéologiques des égyptologues,
reléguées désormais parmi les rêveries, mais les lectures
graphiques et littérales, avec les rares incertitudes inhérentes aux sigles. Le sens général et une foule de considérations accessoires rendent ces lectures plausibles,
lorsqu'elles ne sont pas d'une certitude rigoureuse.

Une pratique persévérante fait naître la confiance,
tandis que le début impose la réserve et la circonspection.

L'hiéroglyphie nous arrive pure de tout alliage dans
sa contexture primitive : les siècles l'ont respectée; elle
n'a reçu aucune altération ni addition, aucune suppression ni rature, aucune superfétation. Nous sommes en
présence de signes dont les appellations peuvent n'être
plus usuelles, ni faciles à retrouver; mais ces signes ne
sont susceptibles d'aucune variation, et restent permanents dans leur pureté primordiale. L'idée qu'ils sont
chargés de représenter est immuable, et le fruste y est

à peine préjudiciable, puisqu'il s'attaque à des figures
fréquemment reproduites, et faciles à reconnaître complétement ailleurs.

Nous ne craignons pas de l'affirmer, la lecture graphique des hiéroglyphes fournira plus de données po-
sitives à l'archéologie que tous les livres du monde ne
sauraient en procurer : c'est une expérience faite par
nous, qui depuis un an seulement déchiffrons chaque
jour quelques feuillets du grand livre hiéroglyphique.
Nous reconnaissons que les explications graphiques sont
parfois susceptibles de variations, comme toute traduction des antiques sigles lapidaires. Ici, comme toujours, les imaginations vives, celles des poëtes, par
exemple, prêtent aux divagations, tandis qu'un sens
droit et calme, dégagé de toute idée préconçue, aidé
par la nature du sujet, les connaissances spéciales,
les circonstances, la comparaison, la liaison, les lumières de toutes sortes afférentes au sujet, jointes à
l'analogie, détermine les préférences, et donne les
moyens de redresser les écarts de l'imagination, rap-
pelée sans cesse au sens obvie. La signification même
des objets représentés est un guide sûr qui conduit à
la vérité. Les peintures et la dactylologie des personnages, alors qu'il s'en rencontre, aident aussi à suivre
la marche logique des idées, et permettent d'atteindre
l'exactitude dans la reproduction du texte primitif.

Condamné à vivre durant une époque de déceptions,
le devoir de l'écrivain sincère consiste à ne pas faire
cause commune avec les coryphées du charlatanisme.

Ainsi nous n'avons pas craint d'interpréter quelques phrases hiéroglyphiques se prêtant, sinon à des traductions diverses, du moins à des variantes, à des accroissements fournis par les lumières survenues progressivement, et sanctionnés par un plus ample informé. Nous l'avons déclaré dès le principe, la lettre seule resterait parfois insuffisante si quelque lumière venant d'ailleurs n'éclairait les premières interprétations. Ainsi, pour l'obélisque de Louqsor, le cartouche si fréquemment répété, *Sésostris, roi légitime*, etc., peut à la rigueur recevoir une extension qu'autorisent les détails de mœurs inscrits au monolithe et le choix des objets représentés. Dans son laconisme, la première lecture est strictement exacte; la seconde, plus développée, devient probable en raison des lumières acquises subsidiairement sur le monolithe lui-même.

Nous aimons à le répéter, parce que c'est la vérité, ces traductions littérales doivent, en satisfaisant la raison, étendre l'horizon des connaissances humaines, sans cependant qu'il leur soit accordé de marcher toujours sous la rigoureuse escorte de l'étroite exactitude des mots. La simplicité des premiers hommes, les limites essentiellement bornées de l'intelligence au berceau, devaient entraîner une grande insuffisance en fait d'écriture et de lecture, merveilles encore aujourd'hui les plus abstraites dans l'éducation de l'enfance, résultat pour elle de docilité et d'obéissance, bien plus que l'œuvre de son intelligence.

Nous n'avons d'abord aperçu dans les textes hiéroglyphiques que le sens simple et naturel; plus tard, nous avons remarqué un sens composé plus développé, c'est-à-dire l'explication vulgaire et l'explication sacerdotale. Cette dernière leçon exerçait la science des prêtres égyptiens, si célèbre parmi les nations; fruit de leur haute intelligence, ils en réservaient la communication à leurs adeptes. Nous n'avons pas hésité à rectifier, en la complétant, l'interprétation de phrases appartenant à cette catégorie, qui constitue la difficulté sérieuse des hiéroglyphes, et que nous confessons n'avoir pas saisie lors de notre début dans la carrière.

Il faut reconnaître que l'obélisque de Louqsor nous met aux prises avec un texte qui touche aux premiers temps du monde; rien d'aussi imposant n'a été révélé à l'intelligence humaine. Nous ajouterons que les idées seules sont fidèlement reproduites dans notre traduction.

Le double sens, littéral et sacerdotal, est admis par la synagogue ancienne, par l'Église qui lui a succédé, et par les philosophes païens.

Les Hébreux ont de tout temps constaté un double sens dans l'interprétation des livres saints [1]. Le célèbre rabbin Aben-Ezra [2] explique ce que c'est que l'interprétation figurée ou mystique : « Ceci est selon la lettre (פשט, *peschat*), mais le sens mystique (דרש, *derasch*) est, etc. »

Les saints Pères emploient souvent l'interprétation mystique [3]. Les philosophes païens expliquaient égale-

---

[1] Voir Talmud, traité Schabbat, fol. 88, et Erubin, fol. 8.

[2] Voir Préface au Commentaire du Pentateuque.

[3] Voir saint Barnabé, saint Justin, saint Irénée, Clément d'Alexandrie,

ment d'une manière allégorique la doctrine secrète des anciens sages : c'est en quoi consistaient les mystères auxquels, chez les Égyptiens et chez les Grecs, on initiait certains adeptes privilégiés [1].

Bien que l'on rencontre parfois un sens mystique, et même un sens symbolique joint au sens littéral, nous tenions à ne pas donner aux deux premiers une importance prépondérante, parce que là fut l'écueil de nos devanciers. Nous avons été assez heureux pour découvrir le sens littéral réel et véritable, sens explicite et positif qui ne saurait fourvoyer, et qui porte une lumière certaine sur toute l'hiéroglyphie, tandis que le symbole, appelant à son aide l'idéologie, précipita les égyptologues dans la voie sans issue de l'interprétation arbitraire.

Nous rapprochons des planches qui portent nos explications de l'obélisque de Louqsor, l'interprétation qui en a été donnée antérieurement [2] : le lecteur jugera.

On pourrait supposer que les principes d'ordre, qui, dès l'enfance, ne nous ont jamais abandonné, ont influé sur l'interprétation des textes que nous étions heureux de rencontrer conformes à nos sympathies. Cette supposition ne soutiendrait pas l'examen ; notre intelligence a pu suffire au rôle d'interprète qui seul nous appartient, mais nous devons faire cet aveu, qu'elle eût été insuffisante pour celui d'inventeur ! Des principes sublimes

Tertullien, etc. ; et Origène, « Littera gesta docet quæ credas allegoria. »

[1] Voir Hérodote, Porphyre, Origène, Euseb., E. H., lib. VI, cap. xix.

[2] Voir ci-après, p. 45, et l'Obélisque de Louqsor, par Champollion-Figeac, et les notes manuscrites de Champollion le jeune; in-8°, figures Paris, 1833.

ne s'inventent pas; et si la traduction n'est pas à la hauteur du texte, c'est à notre incapacité qu'il faut l'attribuer, peut-être aussi à la difficulté de rendre dans une langue moderne les innombrables nuances, la multiplicité des acceptions et les inversions d'un texte pharaonique. Il faut également tenir compte de la contrainte exercée par la nature du sujet sur le traducteur, forcé de placer le mot français en face du mot textuel et du signe siglique, sans avoir égard à la phraséologie moderne.

Notre autorité sera peut-être insuffisante pour établir cette vérité, que les étymologies primitives et les analogies primordiales se sont formées d'après le mode acrologique, suivant le sens des choses et les acceptions diverses non encore explicites, et nullement en suite de racines littérales ou phonétiques; ainsi, Αγκαλη[1] signifie à la fois *angle, coude* et *bras;* Ογκος, *crochet, agriculteur, prince, orgueil, tumeur,* etc. Les radicaux sont d'une époque subséquente, ainsi que les nuances multiples qui, par degrés, décomposèrent les primitifs en si petit nombre d'abord, et dont nos lexicographes ne saisirent ni le point de départ ni la marche.

Le premier moniteur étant acrologique, c'est par l'initiale que s'établirent les premières analogies. Les terminaisons indiquant le nombre, le cas et les personnes, s'exprimèrent postérieurement; l'initiale destinée à frapper l'esprit traînait les désinences à la remorque.

Dans le langage des premiers temps du genre humain,

---

[1] Αγκαλη a fait *angulus* et *angle.*

on se bornait à indiquer les noms par leur son initial,
en se servant, selon l'occurrence, tantôt de signes dactylologiques, tantôt de signes phonétiques [1]. Les noms
indiqués ne variaient pas dans leur désinence, et par
conséquent on ignorait l'usage des cas : on suppléait à
ceux-ci par le sens de la proposition, ou par la place
que le mot occupait dans la construction de la phrase,
ce que les grammairiens anciens appelaient *status con-
structus.*

Les langues orientales les plus anciennes, les plus
patriarcales et conséquemment les plus simples, l'hébreu, le chaldaïque, le syriaque, le samaritain, l'éthio-
pien, ne connaissent pas encore les inflexions finales
que l'on appelle cas. Le prohellénique, bien antérieur
à ces langues, ne devait donc pas avoir de cas : c'est le
grec postérieur qui, en se perfectionnant et probablement en se modelant sur le sanscrit, a admis les cas de
la déclinaison des noms.

Ceci établit d'une manière péremptoire l'antériorité
des langues patriarcales sur le sanscrit, et justifie le
classement de Gésénius [2].

---

[1] Ce mode appartenait à la graphie et à l'inscription des monuments.
On ne remarque sur les obélisques que ces sortes de caractères, sans
signe dactylologique. Les Égyptiens réservaient la dactylologie pour com-
muniquer leur pensée à des interlocuteurs présents, comme aujourd'hui
parler de vive voix : *loqui viva voce.* Néanmoins on rencontre fréquemment des signes dactylologiques sur les monuments particuliers et vulgaires, sur les tombeaux, les stèles, les vases, etc.

[2] Voir la *Dactylologie,* p. 124.

La difficulté ne consiste point, pour quelque branche
des connaissances humaines que ce soit, dans l'exposition
d'une vérité nouvelle, mais bien dans l'impuissance de
déraciner l'erreur qui a usurpé sa place. Ainsi les stoïciens,
en se promenant sous les portiques d'Athènes, ne faisaient usage d'aucun écrit; ils étaient exclusivement dac-
tylologues. Zénon, leur maître, nous a laissé l'explication
acrologique et la valeur des principaux signes dactylologiques. Montaigne, que nous avons déjà cité [1], et
dont la haute intelligence scrutait dans le passé comme
elle analysait les choses actuelles, avait reconnu la réalité et l'usage antique de la dactylologie; il s'exprime
ainsi [2] : « Zénon peignoit de geste son imagination sur la
« partition des facultés de l'âme : la main espandue et
« ouverte, c'estoit *apparance* [3]; la main à demy serrée et
« les doigts un peu croches, *consentement* [4]; le poing
« fermé, *compréhension* [5]; quand de la main gauche il
« venoit encores à clorre ce poing plus estroict, *science* [6]. »
Le même philosophe comparait la dialectique et l'art
oratoire à la main ouverte [7] et au poing fermé [8].

Ce n'était point assez de révéler d'antiques usages

---

[1] *Dactylologie*, p. 34.

[2] Essais, liv. II, ch. XII.

[3] Π de Πρεπω, *visible, remarquable, perception.*

[4] Γ de Γε, *oui, certes,* le *ta* des Allemands, *l'assentiment.*

[5] O de Οιω, *croire, comprendre, compréhension.*

[6] Ω de Ωφελιμον, *science, savoir :* c'est réellement l'*oméga* graphique, ω.
Encyclopédie de Diderot, art. STOÏCISME, t. XXXI, p. 761, col. 1.

[7] Δ de Διαλεκτικη.

[8] O de Οραω, *irriter.*

dont il avait puisé la connaissance dans Cicéron [1], et qui devaient conduire à la découverte du langage primitif, la plus importante des notions que les hommes puissent acquérir; il fallait trouver les esprits disposés à les admettre; il était besoin surtout de rencontrer l'indépendance là où régnait le préjugé : ce succès n'était point réservé à notre moraliste, et tout ce qu'il nous enseigne à ce sujet demeura complétement stérile.

MM. Young, Goulianoff [2] et Klaproth [3] ont reconnu l'existence du procédé acrologique; la preuve en est consignée dans leurs écrits; mais n'ayant pas appliqué à la langue primitive cette vérité si féconde, elle porta peu de fruits. Bientôt accablés par une polémique passionnée, qui surgit toujours chez ceux qui ont tort, ces vrais savants succombèrent, en regrettant sans doute de n'avoir pas fait faire plus de progrès à la science.

Nous avons réuni plusieurs passages d'anciens auteurs faisant explicitement mention de la dactylologie [4], sans toutefois que la réalité de cette antique manière de s'exprimer se révélât aux modernes, tant est forte la préoccupation des intelligences, alors qu'elles ont perdu toutes les traces du passé.

Aujourd'hui que nous connaissons le point de départ,

[1] Voir Académiques, I, liv. III, ch. xlvii.

[2] Voir Aperçu sur les hiéroglyphes, par Brown; Paris, 1827, in-8°.

[3] Lettre sur la découverte des hiéroglyphes acrologiques; Paris, 1827, in-8°.

[4] Voir *Dactylologie*, p. 242 et suiv.

chaque jour vient accroître le faisceau de lumières déposé
en vain par nos devanciers.

L'élément le plus considérable du langage primitif fut
nécessairement l'onomatopée. La difficulté de distinguer
les mots primordiaux de ceux qui se formèrent dans la
suite, et l'impossibilité de connaître des usages phonétiques établis dès le principe, empêcheront longtemps
de généraliser l'application du procédé primitif. Chacun
comprend que

| | |
|---|---|
| Ἀάζω, | aspirer, |
| Ἀείδω, | chanter, |
| Ἰάζω, | se lamenter, |
| Ἀίσσω, | tirer, |
| Ἀκούω, | entendre, |
| Ἀράω, | labourer, |
| Ἀω, | souffler, |
| Βοάω, | mugir,   etc., etc., |

prennent leur origine dans l'imitation des procédés naturels les plus simples.

La valeur et le sens des mots grecs s'étant fixés pour
les lexicographes par suite de l'appréciation des textes,
il en est résulté des inexactitudes, des à peu près, fâcheux
pour la langue elle-même. Les monuments antiques,
avec leur acrologie, peuvent seuls rectifier ces interprétations élastiques ou arbitraires, et fournir désormais
le mot propre, exact et spécial. Ainsi, Ὄγκος signifie véri-
tablement *orgueil*, tandis que nos lexiques grecs-fran-
çais donnent pour *orgueil* φρόνημα, ὑπερηφανια; de même

Πητρα [1] signifie *oracle*, tandis qu'on trouve dans les dictionnaires χρησμος, λογιον, et ομφη, οσσα.

La langue primitive, respectable à tant de titres, recevra un nouvel éclat, qui va jaillir des monuments de l'antiquité et de leur riche et lumineuse acrologie.

La première femme reçut le nom de חוה (*Ève*), parce qu'elle était la mère כל חי *de tous les vivants*. Ces deux mots appartiennent à des racines différentes : pour résoudre la difficulté de cette double origine, on a imaginé que חוה est synonyme de חיה, qui signifie *vivre*. Une difficulté n'est pas résolue parce qu'on donne arbitrairement aux mots un sens nouveau ; le sens du texte devient clair lorsque l'on reconnait le prohellénique comme langue primitive, et l'acrologie appropriée comme premier mode graphique.

Dans les principales langues orientales, le radical חוה signifie *se tortiller, se replier sur soi-même comme les reptiles* : de là le substantif חויא, *serpent, reptile*.

D'une part, en grec, Ευα (*Ève*) n'est que la forme féminine des deux adjectifs combinés εος et ευς, et signifie *bien constituée, pleine de vie et de force* ; son signe acrologique devait être Εγχελυς, *anguille*, ou Ερπετον, *reptile* ; les deux termes hébreux dont la dissemblance embarrasse les commentateurs, ne sont autre chose que la tra-

---

[1] Une statue allégorique en rouge antique de notre collection représente l'*oracle* ; elle est à deux faces et à gaine, les quatre mains exécutent le même sigle P, acrologie de Πητρα. La couleur de la matière a sa signification. On voit sous le siége d'Osiris une porte, Οδοποια, destinée à laisser passer les oracles ; cette porte est toujours peinte en rouge, Οινωψ.

duction littérale de deux mots grecs, dont le rapport
acrologique et de signification saute aux yeux, Εγγελυς
et Εϐα. Voici le sens du texte :

« Et Adam imposa à sa compagne pour nom *reptile*.
« Il choisit la figure d'un reptile pour figurer acrologi-
« quement son nom, Εϐα, qui signifie *vie, vivante*, car
« elle était la mère de tous les vivants qui devaient sor-
« tir d'elle [1]. »

Dans le principe, le langage patriarcal dactylologique
et siglique forma des noms qui expriment des actions.
Déjà nous avons signalé ce fait applicable aux dénominations antédiluviennes [2]: lorsqu'on ne retrouve plus la
phonie prohellénique, et que le nom est passé dans une
langue postérieure, c'est la traduction, l'équivalent, la
paraphrase de l'acrologie primitive, qui détermine le
signe afférent comme caractéristique [3].

Les noms d'hommes comme les noms de lieux décèlent la langue usitée dans les localités où ils se sont
formés ; Sémiramis (Πμι ραμμα) montre le prohellénique,
comme Bonaparte indique la langue ausonienne : de
même la ville de Paris (Παρα et Ισις) dénote une localité
voisine d'un temple d'Isis, où les prêtres parlaient le
prohellénique; le blason traditionnel de cette capitale
rappelle encore le vaisseau de la déesse, auquel on aurait
dû conserver la forme égyptienne.

Les noms des premiers personnages historiques, Nem-

[1] Gen., III, 20.
[2] Voir *Dactylologie*, p. 32.
[3] *Ibid.*, p. 44.

rod, Ninus, Laosthènes, Pharaon, Sésostris, Amasis, etc.,
sont grecs par leurs racines, ainsi que ceux des premières
cités : Βαβυλων, Νεαπολις, Ηλιοπολις, Περσεπολις, Εκβα-
τανα, etc. Ce ne sont pas les Grecs qui ont transmis ces
dénominations, mais bien Moïse qui les a graphiées en
caractères hébraïques dans le texte sacré, où elles sont
demeurées grecques.

Le prohellénique est la langue des Pharaons et des
hiéroglyphes, c'est la langue de la dactylologie primitive répandue par toute la terre, et conservée encore
aujourd'hui dans l'Inde et la Chine parmi les savants,
*mandarinorum lingua.* Les monuments antiques de sculp-
ture, ciselure, peinture, ont tous la langue grecque
pour interprète, dans leur hiéroglyphie, leur dactylologie et leur acrologie.

L'hébreu ne donne pas l'étymologie phonétique de
Babel [1], il donne la traduction du sens : בָּבֶל, *babel*,
בָּלַל, *balal, confondit,* ne présente pas un son identique :
mais le texte n'interprète que le sens. Saint Jérôme, dans
sa Vulgate nouvelle, traduit ainsi : « Idcirco vocatum
« est nomen ejus Babel, quia ibi confusum est labium
« universæ terræ. »

En latin, *confusum est* explique le sens de Babel de
la même manière que *Balal* l'explique en hébreu.

Les commentateurs, embarrassés par cette disparate,
recourent au chaldaïque, alors naissant, בלבל, *balbel,*
dont on aurait élidé le premier ל : mais si la langue

[1] Voir Genesis, XI, 9.

primitive était l'hébreu, aurait-on imposé à la ville un nom tiré de la langue chaldaïque, qui venait de naître? Ceux qui scindent Babel en deux mots oublient que le substantif בל, *bel*, dans le sens de *confusion*, n'existe pas en hébreu.

Le savant Grotius [1] tranche la question : «Videtur hæc « vox servata e lingua primæva. »

| Babel a fait | Βαβαλιον, | berceau. |
|---|---|---|
| | Βαβαξ, | babillard. |
| | Βαλβυς (*lat.*), | bègue. |
| | Papeln (*all.*), | bavarder. |
| | Babble (*angl.*), | babiller. |
| | Βιβλος, | écorce, livre. |
| | Βυβλος, | bible. |
| | Βεβαλος, | profane. |
| | Βλαβη, | corruption. |
| | Βλαβω,<br>Βλαπτω, | embarrasser. |

Cambyse, voulant s'emparer de Péluse [2], clef de l'Égypte, fit entourer la cité de simulacres de chiens, de brebis, de chats et d'ibis [3]. Ces animaux, par l'acrologie appropriée, plaçaient Cambyse sous la protection des trois grands dieux.

| Κυνας, | chiens, | sigle de Καμβυσης, | Cambyse. |
|---|---|---|---|
| Οεις (προβατα), | brebis, | sigle de Οσειρις, | Osiris. |
| Αιλουρους, | chats, | sigle de Ανυβις, | Anubis. |
| Ιβεις, | ibis, | sigle de Ισις, | Isis. |

[1] Voir Comment. in Genesis.

[2] 529 avant J. C.

[3] Voir Polyæni Strat., lib. VII, cap. ix. — Feller, Dict. Bechard.

Les habitants crurent ne pouvoir résister à de si hautes puissances, et se rendirent.

Un grand bas-relief romain de notre collection, représentant une vestale [1], montre la prêtresse appuyée sur un trépied ; la main droite fait l'O de Ορομαι, verbe prohellénique, *je veille* ; et de l'autre, le Π de Πταιρειν, *pour entretenir la flamme pétillante.*

Le tombeau de Ménandre [2], bien qu'exécuté à Athènes peu après Alexandre, porte à sa partie supérieure des hiéroglyphes égyptiens, composés de deux pommiers, Μελεα, Μελεα ; un serpent, Οφις, et un cheval, Καβαλλης ; donnant les sigles M. M. O. K.

Μεγαλω Μενανδρω Οιχομενω Κασεις,

Au grand Ménandre s'en retournant (mourant), ses parents et amis.

La religion des Égyptiens est, avec celle des anciens Chinois, la plus parfaite des religions du paganisme [3] ; les traditions qu'elle consacrait découlaient de la source d'où sortit la loi de Moïse, c'est-à-dire qu'en partie elle

------

[1] Musée de Livry.

[2] Marbre de notre collection.

[3] Paillet : Égyptiens, peuple d'Afrique, célèbre par son antiquité, sa sagesse, et la magnificence de ses ouvrages. (Comment. sur III Rois, IV, 3.)

Dom Calmet (Comment. sur III Rois, IV, 3o) : Les Égyptiens sont encore plus célèbres que les autres Orientaux. — Là même : Fin dal tempo di Mosè, l'Egitto era famoso per la scienza delle cose naturali et per l'estensione della sua dottrina... E quanto alla direzione delle pubbliche cose, nulla si potrebbe aggiungere all' alta idea che di essa ci somministra il profeta Isaïa nel capo xix, ỳ. 11. (Bibl. italienne des professeurs du séminaire de Milan.)

remontait à la révélation primitive : elle fut, en dehors de la synagogue, tout ce qu'elle pouvait être jusqu'à l'avénement de la religion du Christ.

Isis donne l'âme aux humains, Osiris les juge après le pèlerinage terrestre, et selon la fidélité qu'ils ont montrée dans l'accomplissement des devoirs imposés. L'homme doit reconnaissance à son Créateur, et cette reconnaissance constitue la religion; il a la conscience du dépôt céleste qu'il reçoit en naissant. Il lui est prescrit de pratiquer les bonnes œuvres, et de préparer le prochain à regretter sa perte, à le pleurer lorsque son âme se sépare de la matière. Les prêtres faisaient subir des examens, non-seulement aux néophytes, mais au vulgaire. Nous avons remarqué certains scarabées qui étaient des espèces de diplômes donnés à ceux qui avaient mérité un certificat d'orthodoxie [1].

Les cartouches contenant les noms d'hommes ou de femmes présentent à l'interprétation plus de difficultés que les autres textes. En effet, les sigles hiéroglyphiques représentent des mots appartenant à la linguistique prohellénique; leur traduction, quoique soumise à des considérations plus ou moins nombreuses, s'opère dans des conditions connues; tandis que nous sommes très-peu versés dans la connaissance des noms de personnes et des noms topographiques de l'antique Égypte; la lumière venant des circonstances accessoires y est rare, et le choix offre d'assez grandes difficultés. C'est

---

[1] Δαίμων, génie, intelligence.

sans doute pour ce motif que les cartouches sont généralement plus explicites.

La prédisposition des Égyptiens, Éthiopiens, à em-
brasser les premières lumières du christianisme est cons-
tatée par les Actes des Apôtres [1]; la lecture d'Isaïe con-
vertissait ces peuples, ce qui eût été impossible si,
comme on le répète, ils eussent été abrutis par le culte
des plus vils animaux.

Les crucifix qui portent le caractère de l'antiquité,
montrent les mains du Rédempteur formant le sigle P
de Ρεζω, *se sacrifier*. Quand le latin eut remplacé le grec,
on ne changea rien aux mains traditionnelles, dont la
signification fut *Redimo*.

Les apôtres sont fréquemment représentés sous la
forme de brebis, Αμνοι pour Αποστολοι.

Les attributs donnés aux évangélistes forment les sigles de leur surnom.

| | | | | |
|---|---|---|---|---|
| Saint Luc, | Βοων, | qui proclame; | Βους, | un bœuf. |
| Marc, | Ασκων, | qui annonce; | Αεω, | lion. |
| Matthieu, | Απλανης, | infaillible; | Αγγελος, | ange. |
| Jean, | Ακριβης, | exact; | Αετος, | aigle. |

Le veau d'or des Israélites, Μοσχος χρυσεος, fournit les
sigles M et K ou X, de Μνημα χρηματος (consécration du
matérialisme).

Les premiers chrétiens représentaient le Christ sous
la forme d'un poisson, Ιχθυς, parce que ce mot ren-

---

[1] Actes des Apôtres, chap. XVIII.

fermait les sigles I. X. Θ. Υ. Σ., qui donnaient

Ιησους Χριστος Θεου Υιος Σωτηρ.

Rome, centre des traditions et des vérités descendues sur la terre avec le Christ, reconnaît en saint Pierre le fondateur de la dactylologie et de la doctrine évangélique chrétienne; en effet, saint Jean-Baptiste porte la croix Σταυρος comme sigle précurseur du Sauveur, Σωτηρ. Le premier signe de croix dut être exécuté par le fondateur de l'Église, ainsi que la plupart des signes admis au saint sacrifice. Ceci explique la pensée du souverain pontife, en envoyant l'effigie du prince des apôtres à l'auteur de la Dactylologie sacrée.

A la cathédrale de Cologne, on remarque, au-dessus de la tête des rois mages, une agathe antique, d'environ six centimètres de diamètre, gravée en creux : une femme (la Religion), les bras élevés, fait le sigle E de Εκκλεσιας Αρχηγοι, tandis qu'un licteur placé en face fait le Σ de Σφαζομενοι, *égorgés* : ce qui prouve que Gaspard, Melchior et Balthazar doivent être comptés parmi les premières victimes immolées en haine du Christ, auquel ils ont survécu.

A Prague, on voit au maître-autel de la chapelle de Saint-Wenceslas une main en vermeil dont les doigts étendus sont cependant séparés les uns des autres, et exécutent la labiale, sigle du nom de saint Wenceslas (B).

A la grande église de Baden-Baden, on trouve à plusieurs reprises une fresque de Jonas rejeté par la baleine. Le personnage fait de la main le sigle Π, de Πτυομαι, *eructor*.

Suivant Diodore de Sicile [1], la main tenant les doigts écartés (Πεντε) signifie Βιου πορισμος (ce qui soutient la vie).

Macrobe [2] affirme que lorsque les Égyptiens veulent exprimer Osiris, ils gravent un sceptre sur lequel est sculptée la figure d'un œil, Οφθαλμος.

On voit en face de l'entrée du palais des Tuileries, du côté du jardin, deux statues en bronze renouvelées de l'antique, le Rémouleur et Vénus accroupie : le premier, voulant surprendre le secret des conjurés, fait deux sigles, A et I ; l'un donne Αχοναω, *j'aiguise*, et l'autre Ιστορωμεν, *tâchons d'entendre* : Vénus fait A et Υ, sigles de Αφροδιτη et Υδατος, *Aphrodite, fille de l'Eau*.

Un savant allemand, Bœttiger, dans son livre intitulé *Sabine* [3], attribue à la dactylologie, si usitée parmi les anciens peuples, le soin tout particulier que prenaient les dames romaines d'entretenir la beauté de leurs doigts : « On pouvait, dit-il, s'entendre sans parler, par le seul « mouvement des doigts, et tout indiquer ; il fallait bien « que des doigts si éloquents, et même si bavards, fus- « sent beaux, et qu'ils pussent plaire par leur jolie forme. » L'auteur ajoute dans une note [4] que ce langage, entière-

---

[1] Voir lib. III, cap. IV.

[2] Voir Saturnal., lib. I, cap. XXI.

[3] Sabine, ou Matinée d'une dame romaine, trad. franç. Paris. 1813 in-8º, Maradan, p. 209.

[4] Id., ibid., p. 220.

ment perdu pour nous, se trouve mentionné dans Cicéron sous la dénomination de *argutiæ digitorum*, et
qu'il est encore de nos jours en usage dans les harems
de l'Orient.

Il cite pour garants Pétrone, qui parle de la *manus
loquax* [1] et du *digiti vocem gubernantes* [2]; Suétone, qui
signale la *mollis digitum gesticulatio* [3]; et enfin les autorités indiquées par Échard sur le même sujet.

David, au psaume 85, adresse ce vœu à Dieu : « Fac
« mihi signum bonum ut videant, » etc. [4].

On trouve dans la Vulgate nombre de passages rappelant l'antique mode mimique de transmettre la pensée. *Sermo, oratio,* parlent aux yeux et non aux oreilles;
c'est une locution hyperantique encore vivante au temps
des prophètes, et conservée par saint Jérôme.

I. Reg. xviii,  8. Iratus est autem Saul nimis, et displicuit in *oculis*
                    ejus sermo.

            26. Placuit sermo in *oculis* David.

II. Esdr.  1,   6. Fiant aures tuæ auscultantes, et *oculi tui aperti,*
                    ut *audias* orationem servi tui.

   Tob.  iii,  14. Ad te, Domine, faciem meam converto, ad te
                    *oculos meos* dirigo.

   Ps. cxviii,  82. Defecerunt *oculi mei* in eloquium tuum, dicentes :
                    Quando consolaberis me ?

            123. *Oculi mei* defecerunt in salutare tuum, et in
                    *eloquium* justitiæ tuæ.

[1] Fragments publiés par Burmann.

[2] Pétron., cap. lxviii.

[3] Suetonii Tib., cap. xxviii.

[4] Ce signe était le M, acrologie de Μαχαρ ou de Μυεω.

Ps. cxliv,    15. *Oculi* omnium in te sperant, Domine.

cxxu.          Ecce sicut *oculi* servorum in *manibus* domino-
rum suorum.

Sicut *oculi* ancillæ in *manibus* dominæ suæ.

Livre des Rois, IV, chap. xix, v. 16 :

« Inclina aurem tuam, et audi; aperi, Domine, oculos
« tuos, et vide ; audi omnia verba Sennacherib, qui misit ut
« exprobraret nobis Deum viventem. »

## Le même parallélisme poétique est répété :

Isaïe, chap. xxxvii, v. 17.

Daniel, chap. ix, v. 18.

Saint Cyprien, lib. contra spectacula :

« Homo fractus omnibus membris et vir ultra mulie-
« brem mollitiem dissolutus, cui sit ars manibus verba expe-
« dire in articulos sonum frangens loqui digitis elaborat. »

Cassiodore, De institutione divinarum litterarum, cap. xxx :

« Felix intentio, laudanda sedulitas, manu hominibus præ-
« dicare, digitis linguas aperire, salutem mortalibus tacitam
« dare. »

Le même. Variarum, lib. i, epist. 20 :

« Hanc partem, musicæ disciplinæ, mutam nominavere
« majores, scilicet quæ ore clauso manibus loquitur. »

Variarum, lib. iv, epist. 51 :

« His sunt additæ orcistrarum loquacissimæ manus, lin-
« guosi digiti, silentium clamosum, expositio tacita, quam
« musa Polymnia reperisse narratur, ostendens homines
« posse et sine oris affatu suum velle declarare. »

Lindenborg, In Catalect., dit sur le *Manus loquax* de Pétrone :

    « Is locus de iis notis digitorum intelligendus quibus ta-
    « citi distantes inter se loqui consueverunt. »

Claudien, In Malli Theodori consulatum, v. 313 :

    « Qui nutu manibusque loquax ; »

Et Barth., dans sa note :

    « Hos digitis, manibus, gestibus loqui, autumant scriptores. »

Pétrone, chap. cxxvii : « Mox digitis.

Lucien, Περι ορχησεως :

    « Ακουω, ανθρωπε, α ποιεις, ουχ ορω μονον, αλλα μοι δοκεις
    « ταις χερσιν αυταις λαλειν. »

Un danseur raconte, par les gestes de la main, à Dé-
métrius, l'adultère de Vénus et de Mars; le philosophe
dit à l'artiste : « Je comprends tes mouvements; non-seulement tout semble se passer devant mes yeux, mais tes
mains m'en font un récit exact. »

A tant de preuves nous ajouterons une main de momie
égyptienne qui, depuis trois mille ans environ, forme
d'une manière très-marquée la gutturale Γ, sigle de
l'αληνη, paix éternelle, récompense des âmes purifiées :
Καθαιρω. Les bandelettes qui l'enveloppaient reproduisent, dans un texte hiéroglyphique, les mains dactylologiques exécutant tous les sigles de vœux, de supplica-
tions et de prières, au nombre de plus de trente.

La dactylologie nous a fait reconnaître dans les Mexicains les descendants de la race caucasienne. Un heureux hasard vient de nous en donner la preuve maté-
rielle.

Sous Chanaladam, 622 ans avant J.-C., Ninive, sur le Tigre, fut saccagée par un roi de Babylone, allié au roi des Mèdes. Lors de son désastre, elle avait une population de cent vingt mille âmes qui ne savaient distinguer leur main droite de leur main gauche (les enfants), ce qui supposait plus de six cent mille habitants.

Ces peuples, essentiellement pasteurs, abandonnèrent le pays, emmenant leurs nombreux bestiaux. Fuyant les Assyriens et les Mèdes, ils se dirigèrent vers le Pont-Euxin, construisirent des radeaux qui leur servaient de véhicule, et remontèrent le Danube, en s'arrêtant là où les rives étalaient de fertiles pâturages. Leur ignorance en géographie ne pouvait les effrayer : le fil de l'eau leur assurait toujours un retour facile vers les contrées qu'ils venaient de quitter; le temps du parcours ne leur portait aucun préjudice. Du Danube ils descendirent le Rhin, et trouvèrent bientôt les larges et nombreux fleuves qui coulent vers le nord. En Laponie, ils laissèrent une notable portion de leurs compatriotes.

La savante université d'Upsal vient, dans ces derniers temps, de se livrer à des recherches [1] dont le résultat fit acquérir la preuve irréfragable que les Lapons parlent encore aujourd'hui la langue vulgaire des Hébreux, langue qui dans leur bouche est moins dégénérée que leur propre constitution physique.

Bientôt les Ninivites, continuant leur pérégrination vers le détroit de Bœring, où les eaux, peut-être plus

---

[1] Voir *Dactylologie*, p. 62.

basses qu'aujourd'hui ou bien congelées, leur ouvrirent un passage vers le nord de l'Amérique, gagnèrent le Mexique, et fondèrent Palenque (de Παλιν, Παλιγκα, *renouvelée*); de là ces nombreuses ruines, d'un style tout oriental et égyptien, qui couvrent le pays de pyramides, de stèles, d'hiéroglyphes, etc. Les Babyloniens parlaient vulgairement celle des langues araméennes la plus rapprochée de l'hébreu [1].

Le fameux manuscrit sur peau de cerf, donné par Montézuma à Fernand Cortez, ornement principal de la bibliothèque de Vienne, contenant l'origine historique des Mexicains, a fourni le sujet de deux planches gravées depuis trois années dans notre *Dactylologie* (pl. LII et LIII), p. 62 et suiv.

Quel ne fut pas notre étonnement lorsque, il y a quelques jours seulement, nous reçûmes, avec quatre autres bas-reliefs venant de Korsabad, un fragment sur granit grisaille ninivien, représentant avec la plus minutieuse exactitude les deux figurines grotesques, l'alliance du prince fondateur, formant la deuxième partie de la planche LIII, dont nous avons traduit la dactylologie! L'ensemble et les détails de l'exécution feraient croire à un calque rigoureux représentant la même dactylologie des quatre mains exprimant les quatre mêmes phrases, dans le même langage prohellénique.

Cependant l'un nous est transmis par le moyen du manuscrit viennois, provenance authentique du Mexique

---

[1] Babylonii qui et Chaldæi. (Salm. Plin. exercit., p. 451, *.*)

au xvi⁰ siècle; l'autre arrivant récemment avec les anti-
quités de Ninive qui continuent à enrichir les grandes
collections de l'Europe. Ces deux monuments, partis
de deux points antipodiques à trois siècles de distance,
viennent enfin expliquer et confirmer l'origine unique
et caucasienne des deux mondes, objet de tant d'hypothèses et de controverses [1].

La nation égyptienne, placée à la tête de la civilisation, avait un code pénal d'une extrême rigueur; il pu-
nissait les criminels jusque dans leur progéniture. Les
fils des grands coupables subissaient la castration; on
voulait ainsi éteindre la race de ces Caïns [2]. La peine de
la déportation, si heureusement appliquée depuis peu,
est sans contredit plus conforme à l'esprit de l'Évangile,
puisque le repentir est toujours accueilli [3].

Nous avons cru pouvoir nous abstenir de publier le
monument matériel et hiéroglyphique que nous possédons, à cause de son étendue; il renferme les organes
mêmes et des explications catégoriques.

[1] Nous regardons le bas-relief granitique et ninivien comme un des plus
précieux de notre collection.

[2] Cette tradition était encore vivace chez nos chroniqueurs :

> Feus e cuilverz e de mal aires
> Furent *desfaiz des genitaires,*
> E des oilz e des nés plusors:
> Teus mérites ont traïtors.
>
> BENOÎT, *Chron. des ducs de Normandie,* t. II, p. 398, v. 26915.
> Cf. t. III, v. 41701.

[3] La loi de Moïse était conforme à la loi égyptienne; elle prononçait la
peine de mourir sans postérité, Absque liberis moriuntur : Absque liberis
erunt; Lévitique, XX, 20, 21. Il existe en Russie une loi dans le même
esprit.

0.

Nous possédons une multitude de petits objets antiques sculptés en métal, en pierre, en bois peint (d'environ 15 millimètres de hauteur), à l'usage de ceux qui,
ne sachant pas dessiner, voulaient exprimer une pensée
par l'acrologie et la juxtaposition des sigles. Ces objets
affectent la forme des signes employés le plus com-
munément par l'hiéroglyphie; on y voit figurer entre
autres

| | | | |
|---|---|---|---|
| Un oiseau, | l'A ou l'I; | Un couteau, le T de Τμχγτς. | |
| Un œil, | l'O ou l'A; | La main au pouce écarté : | |
| Une grenouille, | le B, Βατραχος; | le Δ; | |
| Un vase, | le A, Λαγηνος. | le K. | |

Ceux de ces objets qui n'avaient point une forme bien
arrêtée et vulgaire ont dû se perdre les premiers.

Tous sont perforés, afin de recevoir un fil qui assurait la position respective des sigles acrologiques.

Invinciblement convaincu par les monuments de la
réalité des procédés du langage primitif, la dactylologie,
l'acrologie et l'hiéroglyphie, nous réclamons des véri-
ficateurs bien plus que des juges.

Cette doctrine donne à l'homme la faculté de re-
monter la chaine des âges jusqu'au principe des choses,
par des données certaines, qui élucideront tout ce qui
fait obstacle au développement de l'archéologie; lumières d'autant plus sûres, qu'elles jaillissent du seul
livre qui ne renferme point d'erreurs.

Jéhovah lui-même révèle l'acrologie lors des prescrip-
tions faites à Moïse, pour la composition du Rational :

> « Lapides vero hi erunt juxta nomina filiorum Israël : duo-
> « decim juxta nomina eorum, sigla [1] sigilli, juxta nomen suum
> « erunt pro duodecim tribubus. »
>
> (Version de Schmid.)

Dieu s'est manifesté aux hommes par la dactylologie [2],
qui représentait la langue primitive et universelle; et
cette langue devait être interprétée par son prophète
dans la langue des Hébreux, essentiellement secondaire.
Mais Moïse traduisit le sens, et ne signala point les sigles
qui rappellent les traditions populaires conservées par
les auteurs anciens (voir les livres *Bechaï* et *Yalkut Reu-
béni*). Déjà nous avons expérimenté quelque chose d'analogue pour le surnom des évangélistes (voir ci-dessus,
p. 35).

---

[1] Le chevalier Drach, auquel nous soumettons fréquemment nos recherches, et toujours avec fruit, fait observer que le texte porte פתוחי,
qui signifie proprement *sigles*, premières lettres des mots, de la racine
פתח, *commencer;* quand le texte veut exprimer *gravé*, comme en parlant
des tables du Décalogue, il se sert du verbe חרת, et dit חרותים, *insculpti.*
(Exod. xxxii, 16.) Pour cette raison nous avons substitué *sigla* à *sculpturæ*
de Schmid. (Voir pl. XVI.)

[2] « Populus videbat voces, » *Dactylologie*, p. 267. « Tenez ces paroles attachées à vos mains. Deutéron., ch. xi, vers. 18. — Pectoral de Gédéon, émail
d'une haute antiquité.

Nous possédons, grâce à Dieu, le monument le plus vénérable et le plus imposant qui existe à la surface de la terre, le Décalogue tel qu'il a été proclamé par Jéhovah, et dont le premier précepte manifesté à Adam n'était que le germe, suivant la tradition de la synagogue et de l'Église : il est gravé en caractères cunéiformes, en langue prohellénique universelle, sur les facettes d'un cristal de roche prismatique naturel [1], exhumé des ruines de Ninive en 1851. (Voyez notre pl. XVII.)

Le faux savoir peut éloigner de l'orthodoxie, la véritable science y ramène.

Ce sera l'objet de notre prochaine publication.

---

[1] Servant de pendeloque à un collier renfermé et scellé dans un cylindre de quartz micacé : Κρυσταλλος Κορυφωδης, acrologie de Κελευσις Κυριου, *commandements du Seigneur.*

C'est la confirmation la plus solennelle de la doctrine dactylologique : un manuscrit de quatre pages sur feuille de palmier accompagnait le décalogue primitif ; il a deux mille ans d'antériorité sur les manuscrits connus ; la graphie est tout à la fois dactylologique, hiéroglyphique et cunéiforme.

# OBÉLISQUE DE LOUQSOR.

## INTERPRÉTATION ANTÉRIEURE [1]

### IDÉOGRAPHIQUE [2].

———

« *Face ouest* [3]. Cette face de l'obélisque appartient
« tout entière à Rhamsès Sésostris; Rhamsès II l'avait
« laissée vide.

« Dans le bas-relief des offrandes, Sésostris, coiffé du
« pschent complet, symbole de son autorité sur la haute
« et sur la basse Égypte, et surmonté du globe ailé du
« soleil, fait au grand dieu éponyme de Thèbes, à Amon-
« Ra, l'offrande du vin.

« Aux louanges d'usage, la colonne médiale ajoute que
« Sésostris est le fils préféré du roi des dieux, celui qui,
« sur son trône, domine sur le monde entier. On men-

[1] Voir l'Obélisque de Louqsor transporté à Paris : notice par M. Champollion-Figeac; Paris, in-8°, fig., p. 86.

[2] Page 66.

[3] Côté ouest, à Memphis, face tournée vers la Seine à Paris.

« tionne le palais qu'il a fait élever dans l'*ôph* du midi
« (la partie méridionale de Thèbes). Le titre de *bienfaisant*
« lui est donné dans l'inscription de droite, qui ajoute :
« Ton nom est aussi stable que le ciel ; la durée de la
« vie est égale à la durée du disque solaire. » Sésostris
« porte dans la bannière de l'inscription de gauche le titre
« de chéri de la déesse Saté ; et avec d'autres louanges
« très-ordinaires dans le protocole royal égyptien, cette
« inscription proclame Rhamsès III, « l'engendré du roi
« des dieux, pour prendre possession du monde entier. »
« Les trois colonnes de cette face sont uniformément ter-
« minées par le cartouche nom propre du roi, le fils du
« Soleil, le chéri d'Ammon-Rhamsès [1]. »

[1] Voir pour l'explication des cartouches, p. 66 à 70 dudit ouvrage :
« Soleil, gardien de la vérité, approuvé par Phré. »

# OBÉLISQUE de LOUQSOR.
## Traduction Littérale des Hiéroglyphes.
### Par l'Auteur de la Dactylologie.
Face tournée vers la Seine.

Sigles.      Texte.

Pour les Pierres du haut et pour les trois inscriptions, voir planche 4.

Colonne du milieu.

Sigles. Noms hiéroglyphiques.

Colonne du milieu.

Texte. — Traduction.

Colonne de droite.

Sigles. Noms hiéroglyphiques.

Colonne de droite.

Texte. Traduction.

Successeur du Puissant

Sésostris III.

Successeur du Puissant

# INVOCATIONS A LA DIVINITÉ, avec les réponses.

## Partie supérieure de l'Obélisque.

| | | | |
|---|---|---|---|
| Καβαριδον | Absolvez | Τυγχανει | Il obtient le pardon |
| Ουρανεντα | le divin | Εσθλος | le courageux |
| Σεσωσριν | Sésostris | Ταγος | chef de l'État |
| Ταμιαν | maître | Νεο- | nouvellement |
| Σεβομενον | révéré, | Νυμφευσας | marié |
| Ολυσαντα | aimé | Γαδομενος | Heureux |
| Ευρι | au printemps, | Αγαθαν | d'aimer |
| Οπισθεν | succédant! | Τοπον | la Patrie |
| Σβεναρου | au Puissant | Αμα | et la |
| Φαιδρου | | Γαληνην | paix. |
| Εγκισου | | Εραμενων | Parcequ'ils sont mariés |
| Τυχοντος | | Φειδομαι | j'abstiens |
| Μειριον | | Νεων | les nouveaux |
| Σεσωστρις | | Ολυσαντων | époux |
| Σεσωστρις | | Εαρος | du Printemps |
| Σεσωστρις | | Σεσωστριος | Sésostris |
| | | Οικονομιου | Souverain |
| Βασιλευς | le Roi | Τικτομενου | l'enfant et |
| Κοινος | nouveau. | Τεκουσης | la mère. |

Entre l'adorateur et le Dieu Ammon, on lit:

| | | | |
|---|---|---|---|
| Ο | | Ρεπομενος | Chéri |
| Ηλιος | | Θεου | par Dieu |
| Σεσωστρις | | Αναξ | comme Roi, |
| Ταμιας | | Σκεπομενος | protégé |
| Τρισος | | Νυπιος | comme Fils |

Ego ero ei in Patrem et ipse erit mihi in filium (II livre des Rois VII. 14.)

| Grand Cartouche. 1re Colonne verticale | | | 2me Colonne verticale. | | |
|---|---|---|---|---|---|
| Ημαι | pour Ηριον | Monument | Ιεραξ | pour Ιωμ | Alus |
| Σφην | Σωσον | qui protégera | Ραγας | Ρωσα | protégera |
| Τμημς | Τοπον | le pays et | Κυων | Καρος | l'autorité et |
| Μαγις | Μυνσον | le Sanctifiera. | Κυων | Κοινοτην | la Société. |

3me Colonne verticale.

| | | | |
|---|---|---|---|
| Ηριον | monument | Ειρηνης | de Paix et |
| Ολβιου | de félicité. | Μενσεως | de Religiosité. |

Imp. Lemercier, r. de Seine 57 Paris.

# CUNÉIFORMES.

Omnis scriptura eo spiritu debet legi quo facta est.

*De Imit. Christi*, I, 5.

La dénomination de cunéiforme n'est point antique, et n'a pu s'appliquer à l'écriture primitive de Babylone et de Ninive. Nous sommes fondé à croire que le signe exprimant le mot *cuneus* signifiait ὀβελός, *obèle* [1], synonyme de στοιχεῖον [2].

La graphie cunéiforme marche parallèlement avec la dactylologie. Les cylindres assyriens, recherchés par les antiquaires, et dont la destination est restée ignorée jusqu'aujourd'hui [3], montrent à la fois, gravés en creux,

---

[1] *Épieu, broche, brochette, clavette,* etc.

[2] De Clément d'Alexandrie (*broches*); suivant Platon, τα των γραμματων Στοιχεια, *les Éléments des lettres.*

[3] Nous l'avons constaté, ce sont des récompenses accordées à tous les services rendus : Ζηλος, Στρογγυλος, Μυλη βοσκουσα, *meule nourricière.*

des personnages parlant dactylologiquement, des hiéroglyphes acrologiques et des caractères cunéiformes :
ces monuments, en miniature, sont aussi précieux
pour la science que les colossales sculptures récemment exhumées à Ninive, et qui viennent aujourd'hui
en foule constituer les admirables collections publiques
de Paris et de Londres, bien qu'elles soient muettes encore pour le grand nombre. La langue sacrée employée
dans les différents modes d'exprimer la pensée est toujours la même pour toutes les parties du globe habité :
c'est la langue patriarcale ou prohellénique.

La langue vulgaire des Babyloniens était très-rappro-
chée de l'hébreu, père de toutes les langues araméennes :
le punique, le chaldaïque, le samaritain, le syriaque,
tous dialectes vulgaires [1].

Les linéaments cunéiformes gravés sur la pierre, dont
nous donnons plus loin le *fac-simile*, ne dépassent guère
le nombre de cinq.

Les doigts de la main élevés se simulèrent par de
longs obèles verticaux ; les doigts abaissés par des demi-
obèles, et le pouce par un obèle plus petit encore.

Cette graphie n'est autre que la dactylologie grossière et prolixe, établissant des conventions spéciales
relativement aux lignes courbes.

Les véritables artistes élevaient les statues gigantes-
ques qui décorent aujourd'hui nos musées, tandis que
des sculpteurs laborieux gravaient les cylindres qui jet-
tent tant de lumières sur les Assyriens primitifs ; mais

---

[1] Babylonii qui et Chaldæi. (Salm. Plin. exercit., p. 451, b. s.)

les scribes proprement dits traçaient en grand sur la
pierre les traits rectilignes et rectangles, au moyen du
marteau, qu'ils ne maîtrisaient pas suffisamment pour
graver des lignes arrondies [1].

L'exacte reproduction au simple trait de la main de
l'homme est encore aujourd'hui le cachet du maître
habile.

Le monument babylonien que nous possédons, et qui
a confirmé nos recherches, fait connaître la graphie, mère
présumée de toutes les écritures cunéiformes; il porte
du côté opposé à l'inscription et au revers deux mains
ainsi figurées en creux :                    Pl. V.

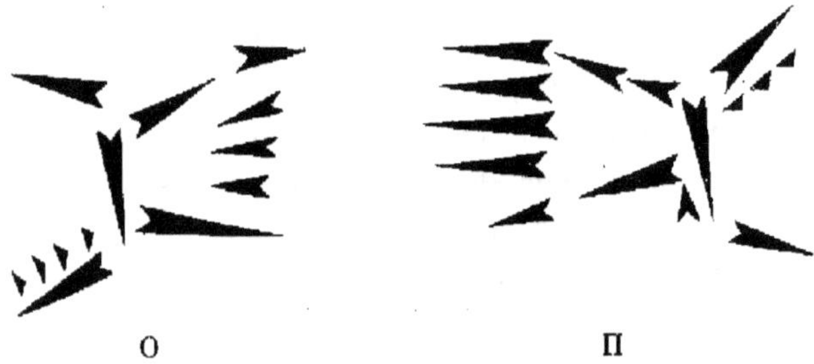

O                              Π

Nous dirons tout à l'heure pourquoi nous lisons

Π et O,

c'est-à-dire, Παλαμαι Οϐελαιαι,

*mains obèles.*

[1] A l'origine du dessin en matière de tissu, le rectangle et le biais ont
régné jusqu'à ce que l'ingénieux Lyonnais Jacquart eût dessiné toutes les
sinuosités par sa machine, improuvée, comme tant d'autres découvertes
utiles, par la science constituée et officielle.

7.

Ces deux mains décèlent évidemment, par la rudesse de leur tracé, le premier mode graphique usité parmi les hommes.

Voulant donner de la consistance à la phonie et fixer la valeur des sigles, c'est à la main, cet agent de la parole, que les premiers hommes demandèrent les moyens d'exécution.

Les Asiatiques, qui employaient les cunéiformes, connaissaient les seize signes naturels figurés par Cadmus; ils ne pouvaient errer sur le nombre des représentants de la phonie : mais, pour graver journellement la main dactylologique en action, il fallait un art que les tailleurs de pierre ne possédaient pas, tandis qu'ils représentaient facilement les signes digités composés de lignes droites,            Pl. VI.

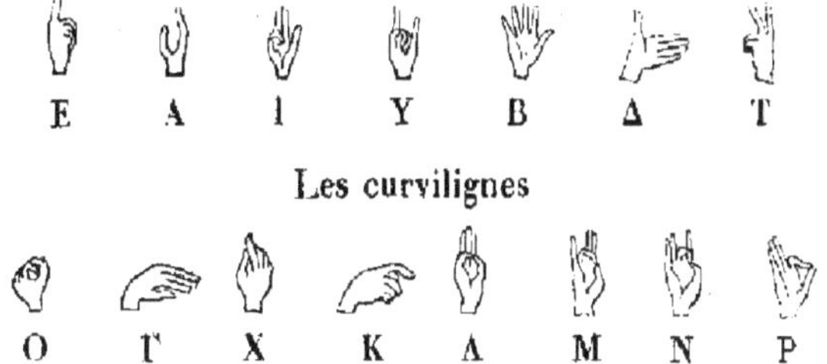


Les curvilignes



exigeaient d'autres combinaisons, à cause de l'obstacle que l'exécution des courbes présentait aux scribes tailleurs de pierre : de là cette diversité de conventions dans les dérivés de la graphie mère babylonienne.

Les huit signes curvilignes furent modifiés, et l'on chercha dans les lignes droites de convention les moyens de suppléer aux parties arrondies des doigts.

La précieuse pierre assyrienne sur laquelle sont gravées les deux mains obèles, renferme l'explication du système cunéiforme et la valeur des signes qui le composent. Nous la désignerons sous le nom de *pierre alphabétique*. Pl. VII.

Outre les signes cunéiformes, cette pierre porte des figures hiéroglyphiques; le chien, Κυων, est l'acrologie de Κρουνος, source, indiquant l'analyse des groupes cunéiformes; la ligne oblique, Στοιχος Πλαγιος, donne l'acrologie de Στοιχεια Πρωτα [1]. Le texte, composé de six lignes décroissantes, place chaque groupe dans sa catégorie naturelle.

| | |
|---|---|
| Sons aériens | 10 |
| Dentales | 9 |
| Labiales | 8 |
| Liquides variables | 6 |
| Gutturales | 6 |
| Sifflantes | 3 |
| | 42 |

Ce qui explique la multiplicité des groupes, plus nombreux encore dans les dérivations secondaires, c'est que les sons qu'ils représentent peuvent être aspirés, longs, brefs, doux, rudes, muets, sourds, sonnants, aigus, fermes, ouverts, circonflexes, comme les accents toniques de l'hébreu, la prosodie musicale des Chinois, les inflexions si variées de la supplication à la menace, et parfois celles de la première enfance. Cette prosodie, graphiée sans doute, explique les différences qui existent

[1] Voir Éléments carlovingiens, p. 14 et 15.

dans la configuration d'une même lettre, dont voici les
diverses sortes, suivant notre pierre alphabétique :

| | | | | | |
|---|---|---|---|---|---|
| 3 A | 5 T | 4 B | 2 Λ | 3 Γ | 1 Z |
| 3 E | 3 Δ | 2 Π | 1 M | 3 K | 2 Σ |
| 2 I | 1 Θ | 2 Φ | 2 N | | |
| 1 O | | | 1 P | | |
| 1 Υ | | | | | |
| 10 | 9 | 8 | 6 | 6 | 3 | En tout, 42 groupes.

Il est remarquable que la prosodie antique, bien qu'ex-
primée par les cunéiformes, ne puisse probablement
nous être jamais révélée, le sigle étant radicalement in-
suffisant : la prosodie française, encore si peu connue
par nous-mêmes, permet-elle l'espoir de retrouver
celle usitée au commencement du monde? De là l'impossibilité de distinguer, dans l'antiquité, la prose mé-
trique et la poésie, d'avec les textes en prose simple.

Il ne faut pas s'étonner de trouver plusieurs équiva-
lents pour une seule lettre; il devait en être ainsi avant
toute littérature. Nous voyons figurer cinq T sur la
pierre alphabétique; mais chez nous-mêmes cette lettre,
outre sa valeur phonétique habituelle, exprime souvent
encore le son du *th*, du *ç*, de l's et du *z* italien.

Ne cherchons pas les lettres dans les cunéiformes,
nous ne pouvons y trouver que la phonie et ses représentants. Les gutturales et les aspirées, inséparables de
leurs sons aériens, ne revêtaient point toujours des formes spéciales [1], bien que dans certaines circonstances

---

[1] Ainsi : *Ustasse*, *Wistasse*, *Gustave*; *gelief*, *jelif*, *joli*; *grenouille*, *re-
nouille*, *raine*, *rana*, *ranuncula*; *grimoire*, *rimarium*. (Voir Éléments carlovingiens, p. 8. — Dactylologie, p. 206 et 313.)

elles eussent une valeur propre; ce n'était point encore
l'écriture telle que nous la comprenons, mais l'aurore
de la graphie. Des essais de toutes sortes, dont les pa-
radigmes sur pierre subsistent en assez grand nombre,
vinrent se joindre aux cunéiformes jusqu'à l'arrivée de
Cadmus, dont la graphie prévalut et devint normale.

Il faut se rappeler que les groupes cunéiformes sont
des sigles, c'est-à-dire des initiales, et non la partie in-
tégrante d'un mot écrit tout au long. Le point qui, dans
le babylonien ou cunéiforme primitif, les sépare d'ordinaire les uns des autres, en fournit la preuve; toutefois,
il y a grand nombre d'inscriptions antiques sans points
de séparation.

Les groupes qui dépassent le nombre de cinq sont
des conventions partielles et locales, admises pour suppléer aux curvilignes, que la graphie mère ne connaissait pas.

Les groupes cunéiformes simulent la position respective des doigts de la main dactylologique; pour exécuter
l'A, par exemple, on élevait le pouce et l'index en abais-
sant les trois doigts suivants : le dernier groupe cunéiforme de la pierre alphabétique inscrit à l'angle de droite
de la portion supérieure, est ainsi figuré ⟆ , ce qui
correspond à la situation respective des doigts dactylologiques; le bout du pouce d'abord, l'index élevé (ou
baissé), et les trois doigts restants, abattus.

Il est à remarquer que l'O et l'U (l'Y) sont presque
semblables sur la pierre alphabétique; une des mains
gravées au revers fait l'U, mais avec trois doigts intermédiaires, tandis que la main cadméenne sépare les

doigts par deux intermédiaires seulement : la langue italienne ne différencie pas phonétiquement l'O de l'U.

La diversité des groupes cunéiformes provient souvent de ce que la main dactylologique qui a servi à
coordonner les chevillettes s'est présentée sous un angle visuel différent. Ainsi l'O, qui dans la série cadméenne se produit du côté profil, qui donne le sigle de
Ὀφθαλμος, se montre ailleurs (bien qu'elle manque sur
la pierre) sous la forme de quatre obèles, destinés à indiquer les quatre doigts de la même main, ou quatre
phalanges plus ou moins circulaires.

Il est naturel de penser que cette pratique prit son
origine dans la difficulté d'éviter les parties courbes;
son application généralisée aidera à reconnaitre les
groupes que la pierre alphabétique ne signale pas.

Nous avons lieu de croire, après quelques lectures
faites au moyen de l'alphabet babylonien, qu'il ne faut
pas s'en tenir à une graphie rigoureusement identique.

Les groupes qui paraissent si divers ne sont le plus
souvent graphiés avec une légère différence même, que
pour montrer combien cette différence est peu importante. Ainsi, 2 E, 2 I, 3 B, 2 Λ et 2 K, semblent nous
laisser la liberté du choix.

La multiplicité des groupes cunéiformes a toujours
été regardée comme le plus grand obstacle à la lecture.
Nous avons signalé les motifs qui rendent cette diversité plutôt apparente que réelle; nous croyons devoir
y ajouter les considérations suivantes : les hiéroglyphes
emploient des sigles doubles et triples; le mot Sésostris
est parfois graphié par trois ΣΣΣ (obélisq. de Louqsor,

pl. I ); il doit en être de même pour les cunéiformes, et
toutes les fois que les obèles dépassent le nombre des
doigts de la main, on peut en induire que le groupe est
complexe, ou que c'est une convention spéciale, ou bien
une espèce de monogramme exprimant plusieurs lettres,
et servant à désigner plus clairement des noms de lieux,
des noms de qualités, ou des noms d'hommes, pour
lesquels la siglique simple est parfois insuffisante ou
obscure; car c'est dans ces circonstances que l'on ne
se borne pas à un seul sigle acrologique.

En dactylologie, deux *o microns* forment l'*o méga*
(Voir *Acrol.*, p. 26, note 6); il peut en être ainsi pour les
cunéiformes. Nous remarquons en effet un groupe cunéiforme renfermant deux *i*[1] :

Le prohellénique ne se prononçait pas d'une manière
uniforme chez tous les peuples : c'est ainsi que, dans les
temps modernes, chaque nation prononce le latin suivant l'accent qui s'accorde le plus avec les sons que les
organes sont habitués à rendre dans la propre langue.
L'appréciation phonétique variait en raison des dialectes vulgaires et locaux; il dut en résulter une grande
diversité dans les textes graphiés.

La confusion de Babel ne fut autre chose que les
nombreuses interprétations phonétiques. Les langages
(à moins d'une intervention surnaturelle) ne s'impro-
visent pas, mais les interprétations articulées obéissent
à des inspirations conventionnelles, diverses et locales.

[1] Voir Exposé des éléments, par Löwenstern; Paris, 1847, in-4°, p. 7 i
du Système, et à la note 2.

Le langage primitivement commun à toute l'espèce humaine n'a pas cessé d'exister après la confusion des lèvres. Le sacerdoce avait conservé la langue hiéroglyphique ; les arrêts religieux et civils, rédigés en cette langue, étaient, dans les temples, interprétés pour le vulgaire, comme, au moyen âge, les prêtres en chaire traduisaient oralement les saintes Écritures en langue vulgaire [1], et les clercs traduisaient les diplômes composés en latin : ce qui explique comment l'Asie, ce berceau du genre humain, répandit partout sa linguistique, sa religion païenne, ses barbaries, ses erreurs, avec sa dactylologie et son acrologie.

De tous les arts, l'art d'écrire est le plus servile aux caprices de l'homme : c'était une merveille que de fixer sur la matière les sons vocaux, jusque-là instantanés et fugitifs. A la vérité, la main avait déjà rendu de grands services ; mais ceux qu'elle était appelée à rendre aux cunéiformes devaient participer aux inconvénients résultant des diverses manières de produire les doigts, et surtout de l'aspect sous lequel ils se présentaient à l'observateur, qui les rencontrait dans toutes les positions et sous tous les angles.

Les premiers écrivains n'avaient pas la possibilité d'être exacts ; aujourd'hui même, sans le despotisme des lexiques, nous serions encore dans l'anarchie orthographique.

La lecture des cunéiformes se fait suivant la direction de la flèche, c'est-à-dire du renflement vers la pointe.

---

[1] Voir XVII<sup>e</sup> canon du concile de Tours, tenu en 813.

Les premiers peuples, à la tête desquels il faut placer les Assyriens, avaient l'avantage de ne recevoir leurs impressions que de la nature. Les sophistes n'existaient point encore, et l'intelligence n'était faussée par aucun paradoxe; aussi les procédés de ces peuples sont-ils tout à la fois naturels, ingénieux et naïfs.

La graphie des Hébreux était dactylologique, quant à la forme, avant l'emploi de l'hébreu carré de Moïse; et cette graphie conserve encore ce caractère dans l'hébreu vulgaire et usuel.

L'acrologie a pour but de rappeler à la pensée un mot qu'en l'absence de lettres on ne peut graphier; et elle atteint ce but par la représentation des objets dont l'appellation, connue de tous, commence par une initiale phonétique semblable à celle du mot que l'on veut exprimer. Les cunéiformes rappellent les signes dactylologiques, ce qui montre que l'hiéroglyphie a précédé les cunéiformes, la première étant phonético-acrologique, et les seconds séméiotico-dactylologiques. La dactylologie a dû représenter et a représenté le son, avant le représentant du son.

Il nous importait de savoir si la valeur phonétique assignée aux groupes classés sur notre pierre assyrienne, suivant la valeur dactylologique, pouvait servir à l'explication de la fameuse inscription tracée en Perse sur un rocher de granit rouge, près de Hamadam [1], et dont M. E. Burnouf a tenté l'interprétation [2]. Pour en acquérir

---

[1] L'ancienne Ecbatane.

[2] Mémoire sur deux inscriptions cunéiformes trouvées près d'Hamadam; Paris, Impr. roy., 1836, in-4°.

la certitude, il nous a suffi de substituer les lettres grecques aux groupes cunéiformes correspondants; et nous avons eu la satisfaction de retrouver la série des sigles probelléniques qui s'expliquent à la manière des hiéroglyphes, et de façon à ne laisser aucun doute possible chez l'être doué d'une intelligence ordinaire, comme on peut s'en convaincre en jetant les yeux sur les planches VIII et IX.

Jusqu'ici on a cru lire l'inscription à laquelle on a donné le nom de Darius par ces mots :

|  |  |
|---|---|
| à la 1ʳᵉ ligne, | L'ÊTRE DIVIN (EST) ORMUZD; |
| à la 7ᵉ ligne, | IL DARIUS ROI; |
| à la 12ᵉ, | DARIUS ROI [2]; |
| à la 20ᵉ et dern., | FILS, ACHÉMÉNIDE. |

Nous croyons faire plaisir à nos lecteurs en ajoutant la traduction d'une inscription babylonienne que nous avons eu la bonne fortune de nous procurer. Cette planche porte le n° X ; elle est de même grandeur que la pierre originale en granit gris assyrien, les groupes sigliques ne sont séparés par aucun point.

On remarque combien le style du dessin se rapproche du genre indien. Anubis n'y a pour attributs que des objets acrologiques.

|  |  |
|---|---|
| Αγκιστρον. | Αλωπηξ. |
| Αιχμη. | Αιξ. |
| Αχων. | Αμνος. |
| Αστηρ. | |

---

[1] Abimelech avait dit à Abraham : « Ecce terra mea coram te est; ubicumque tibi placuerit habita. » (Genes., xx, 15.)

[2] Mémoire sur deux inscriptions cunéiformes, etc., par E. Burnouf, pl. II, lig. 1 et 7; puis pl. III, lig. 12 et 20. Paris, 1836, in-4°.

L'inscription fait connaître ce qu'étaient les récompenses religieuses chez les peuples qui n'appartenaient point à la race privilégiée des enfants d'Israël.

| | | | | | |
|---|---|---|---|---|---|
| | Φανουσα | et d'y briller | | Ραδιως | avec clémence. |
| | Βασιλικῳ | la divine demeure(étoile), | | Τισμενος | punissant |
| | Γαδομενη | se réjouissant de | | Γεραζων | récompensant, |
| | Σκεπομενη | constatée ; | | Τυχοντας | les absous, |
| | Ευαγεια | de sa piété | | Σχετλιους | les malheureux et |
| | Γερας | la récompense | | Ταλαντω | dans sa balance |
| | Καρπευειν | recevoir | | Βραβευων | jugeant |
| | Στεργουσα | désirant | | Αρτωμενη | suspendu ; |
| | Καθαρισμον | l'absolution, | | Γαζη | dans son palais |
| | Ρυομενη | provoquant | | Στιλθη | resplendissant |
| | Βαπτον | expiatoire, | | Εχομενω | assis |
| | Τελος | un jugement | | (Φ)θεω | à Dieu, |
| | Βουλεται. | Elle demande | | Τιμητικως | avec respect |
| | | | | Φλεγουσα | envoyant sa lumière |



Nous venons de voir quelle était la récompense qui attendait les élus. Des hiéroglyphes inscrits sur les canopes (*Dactylologie*, p. 110) nous ont appris comment

les larmes répandues au moment des funérailles pré-
disposaient la Divinité en faveur du défunt; d'autres
inscriptions nous ont fait connaître la réception de l'in-
crédule, contraint de se taire devant les interpellations
de la Divinité : « M'as-tu reconnu pour ton Créateur?
« — As-tu accompli les devoirs que j'ai attachés à la
« conservation de ton âme? — Va, et que ton corps seul
« accroisse la poussière de la terre [1]! »

La conviction la plus profonde dès la haute antiquité, c'est que les crimes et les souffrances des peuples
devaient se racheter par le sang des victimes [2]; la paix

[1] Diverses inscriptions cunéiformes.
[2] Exode, ch. xɪɪ, v. 7; — ch. xxɪv, v. 8 ; — ch. xxɪx, v. 21; — Lévitique, ch. xɪv, v. 14, 52, etc. ;

> Ainz qu'il entrassent en la mer
> Cil li mostré e li segnié
> Qui deivent estre exillié,
> Sacrefioent à un Dé
> Qui Thur ert entre els apelé;
> Mais ceo n'esteit beste, ne oisel,
> Ne vin, ne encens, blé, ne gastel,
> Ne altre don offert de main;
> Ainz sachiez bien que sauc humain
> Espandeient el sacrefise,
> Ne quidoent en nule guise
> Que si precius péust estre,
> Tut ceo lur anunciot lur prestre,
> Qui par sort iert esléuz.
> Veez que faiseit li mescréuz :
> Un jug de boes perncit as mains,
> E cels dunt il esteit certains
> Que l'om deveit sacrefier,
> A un sol coup, senz recovrer,
> Li espandeit tut le cervel :
> Quant n'i falleit, mult l'en ert bel.
> Mort à la terre l'estendeit,

éternelle était promise à ceux-là seuls qui avaient expié
leurs fautes en ce monde, Καθαιρω. (Voir planche X.)

Au commencement des choses, il ne pouvait y avoir
ni grammaire ni syntaxe; les grammairiens sont de beaucoup postérieurs aux lettres; la répulsion de l'enfance
pour l'art grammatical est une preuve que cet art n'est
pas dans la nature.

Nous avons prouvé que, vers les premiers temps de
la linguistique, les hommes s'exprimaient, comme le
font encore les nègres et les sauvages, sans l'emploi
d'aucune syntaxe, « *Moi aimer toi.* » Ainsi les noms et les
verbes, tels qu'on les trouve dans les plus simples lexiques, peuvent suffire à la traduction des hiéroglyphes
et des cunéiformes; la langue grecque, indispensable
pour retrouver le texte primitif, n'est pas assez répandue,
et le nombre des hellénistes capables de rédiger en grec

> La veine del quor li quereit,
> Par cele l'en traeit tut fors
> Quanqu'il poeit le sanc del cors.
> Adunc erent li exxillié
> A ceu faire joius e lé;
> Lur vis, lur chiefs, ceo qu'il aveient
> En adesoent e teigneient [*].
> Senz terme nul qui'n fust donez,
> Apareilliez e aprestez,
> Cureient as nefs erraument,
> Les veiles dresçoent al vent
> E traicent as avirons :
> Eisi voidont la regions ;
> E par si faite diablie
> Cum ci poez aver oïe
> Quidoent fust lor sauvemenz
> Vers les orez e vers les venz.

Benoît, Chron. des ducs de Norm., t. 1, p. 22-24, v. 572-610.

[*] Cf. Ron., I, p. 9.

est beaucoup plus borné qu'on ne le pense généralement. Dans l'espoir d'élargir le cercle des traducteurs, nous avons pris le parti de nous restreindre le plus possible dans les limites de l'acrologie pure et simple, et de renoncer à chercher la phrase antique, si tant est qu'elle ait existé dans les premiers temps, sous une autre forme que cette langue des nègres qui n'a ni cas ni nombre, ni modes, ni temps de verbes, aucune syntaxe enfin. Dans ces limites, les hommes ordinaires seront aptes, lorsqu'ils le voudront, à s'initier aux secrets de la haute antiquité : c'est afin de faciliter cette étude aux gens du monde et aux artistes, que nous suivrons plus tard ce mode simplifié.

Un lugubre autel babylonien en pierre de touche (carré de 45 centimètres, planche XIV), et d'un travail délicat, nous apprend, par les figures hiéroglyphiques et l'inscription cunéiforme qu'il porte, son homicide destination. Les bas-reliefs reproduisent des têtes barbues et annelées, vues de face, rappelant la figure de nos druides, des lotus, des têtes de chevaux et de lions.

| | | | |
|---|---|---|---|
| Προσωπον, | acrologie de | Ποτμος, | destin. |
| Λωτος, | | Λοιγος, | mort. |
| Καβαλλης, | | Κρουω, | frapper. |
| Λεων, | | Λαου, | dans l'intérêt du peuple. |

## TRADUCTION DE L'INSCRIPTION GRAVÉE SUR L'AUTEL DESTINÉ AUX SACRIFICES HUMAINS.

| | | |
|---|---|---|
| A | υτηριος, | La victime |
| T | υχει, | gagne le pardon |
| A | ττιων, | des crimes |
| I | διων, | personnels. |
| A | ιμα, | Le sang, |
| Σ | ιδηρω, | par le fer |
| E | ρωτωμενον, | interrogé |
| E | θνει, | pour le peuple, |
| I | λα, | rend propice |
| B | ραδεα, | le juge suprême, |
| A | γαπωντα, | se plaisant à |
| K | υπτοντα, | se baissant pour |
| B | λεπειν, | voir |
| B | λυσμα, | le jet du sang, |
| E | λκυσμους, | les tortures, |
| O | λολυγμους, | les gémissements, |

| | | |
|---|---|---|
| Σ | αλους, | les convulsions |
| N | οσημα, | la défaillance |
| F | ναιρομενου, | du supplicié, |
| T | ελευτωντος, | expirant |
| E | θνει, | pour le peuple, |
| Δ | ηλωσαντι, | qui l'a exigé, et |
| Θ | ρηνουντι, | gémissant |
| O | λοκληρως. | unanimement. |
| E | κθυσια, | Victime expiatoire |
| A | κουμενη, | guérissant |
| Λ | ατρεια, | par l'immolation |
| T | ελευτη, | par sa mort, |
| B | αρυδαιμονιαν, | le malheur |
| I | ουσαν, | menaçant |
| B | ουλη, | le gouvernement |
| I | ερα, | sacré, |
| B | ασιλει, | le monarque, |
| B | ελτιστοις | les notables, |

| | | |
|---|---|---|
| B | ομοις, | le culte |
| B | ιω, | et l'existence |
| A | γαθων, | des vertueux, |
| I | λεων, | des bons. |
| Υ | πτιος, | Couché sur le dos |
| O | ρεγομενος, | étendu, |
| T | ιθεται, | il fournit |
| T | εκμηρια, | les signes, |
| B | ρωμα, | l'aliment des dieux |
| B | ρομω, | par le frémissement |
| E | ντερων, | des entrailles, |
| B | αζων, | confessant |
| Δ | ικην, | la justice, |
| Θ | εμιν, | la loi, |
| E | θνους, | du peuple |
| N | αιοντος, | habitant le pays, |
| A | ιαζοντος, | s[...]laint |
| B | ουλαις, | dans les assemblées, |
| A | γοραις, | |
| Δ | εομένου, | qui veut |
| Θ | ελοντος, | |

| | | |
|---|---|---|
| B | απτεσθαι, | être sauvé, |
| A | γνουσθαι, | être pardonné |
| T | υχειν, | et obtenir le pardon, |
| T | μηματι, | par l'immolation, |
| T | υμβω, | par la combustion. |
| O | μφη, | L'orac[le] |
| B | αλαθρω, | du fond de l'abîme |
| B | ογσαση, | ayant mugi. |

1 Voir Levit., III, 5, 16; XXI, 8, 8, 17, 22; XXII, 13

On voit que les groupes cunéiformes ne sont pas toujours exactement identiques avec ceux inscrits sur la
pierre alphabétique : parfois la partie du signe qui est à
droite est reportée à gauche, les signes verticaux deviennent horizontaux, ceux placés au-dessus se trouvent
au-dessous, les petits traits deviennent grands, et *vice
versâ*; mais, par leur position relative comme par l'analogie, leur valeur phonétique ne saurait varier qu'en raison de considérations prosodiques, ou à cause d'un sens
figuré dont aujourd'hui il n'est pas toujours facile de se
rendre compte. Nous avons indiqué ces groupes incer-
tains qui peuvent appartenir à deux lettres différentes,
et donner ainsi lieu à deux interprétations; notre surprise
fut grande en reconnaissant que cette diversité de sigles
ne changeait rien au sens général du texte, et qu'elle
venait au contraire confirmer par un sens presque semblable et souvent identique l'exactitude du texte général.

Ces divergences procèdent de quelques coutumes que
le temps et l'observation éclairciront. L'essentiel est
d'avoir reconnu que ces variétés ne doivent pas arrêter,
et qu'elles ne sont pas fondamentales. Le dernier groupe
de la troisième ligne est un A dactylologique (planche XIV). On voit les deux phalanges du pouce, et l'index est simulé par un grand obèle. Faut-il reconnaître
dans le trait qui vient ensuite un signe prosodique,
ou une convention particulière? C'est à présumer.

L'intelligence ne saurait expliquer comment des nations qui, pour leurs fausses religions, avaient adopté de
si brillantes récompenses ou un complet anéantissement,
pouvaient en même temps, et au nom de leurs divinités,

exercer une si odieuse barbarie! La dernière partie de l'inscription homicide nous porte à croire que ces horribles holocaustes, étaient commandés par l'oracle, qui se constituait l'organe des exigences du peuple en furie[1], alors comme aujourd'hui cruel et aveugle.

En récapitulant les notions fournies par le langage primitif, ce lien unique entre toutes les nations, la synthèse donne les moyens de saisir la descendance ethnologique du monde habité : le berceau du genre humain demeure évident comme les origines des nations, passant du Caucase dans l'Inde, leur pérégrination et leur établissement en Assyrie et en Perse de là en Égypte, qui à son tour donna naissance à Athènes, puis à Rome. On voit nos druides, successeurs des Pélasges, venus soit sur les vaisseaux de Tyr, soit par les grands fleuves intérieurs, continuer chez nos aïeux les odieuses pratiques assyriennes, en se servant du même langage patriarcal, lorsque les fugitifs habitants de Ninive s'en vont fonder Palenque, l'antique capitale du Mexique.

La traduction littérale des signes gravés sur l'autel homicide est incontestable.

Nous avons quelque raison de croire que les cunéiformes ne sont pas étrangers à toute signification figurée. Les groupes donnent matière à des observations que nous n'osons produire qu'avec une grande réserve, parce qu'elles ouvrent une carrière nouvelle qui peut fourvoyer les érudits, et les précipiter dans la voie des interprétations arbitraires, où précédemment se sont

---

[1] Voir Euripide, trag. Iphigénie, vers 514 et 515.

égarés les égyptologues. Comme ces observations ont certainement quelque chose de fondé, nous croyons utile de les soumettre aux érudits, afin de les aider à l'avenir dans le déchiffrement des écritures issues de la graphie mère.

La dernière phrase de l'inscription de l'autel, composée de trois groupes, montre autre chose que trois caractères phonétiques : on peut y voir un sens figuré analogue à celui que nous avons assigné aux hiéroglyphes ⟦cunéiformes⟧ traduits par : *l'oracle du fond de l'abîme, ayant mugi.*

Le premier groupe, par le parallélisme et le rectangle de ses obèles, semble indiquer l'établissement, le gisement de l'oracle; le second, les parois à pic et escarpées de l'abîme : les trois obèles du dernier sont tournés de bas en haut, tandis que tous les autres se dirigent toujours de haut en bas. Cette distinction fut imaginée sans doute pour faire connaître que la voix part du fond de l'antre, et vient retentir à la surface du sol. Nous nous bornons à consigner cette découverte toute récente; elle a besoin de longues recherches, d'observations approfondies, auxquelles nous n'avons pas eu le temps de nous livrer; et lorsque, comme nous, on a horreur des systèmes, mieux vaut solliciter le concours de l'étude que de se constituer l'organe présomptueux de lumières encore incertaines.

Nous avons eu occasion de remarquer sur des inscriptions authentiques des A dont les obèles se réunissent en faisceaux toutes les fois que le sigle signifie Ἄναξ, *roi, général.*

Les quatre obèles de l'O se trouvent parfois aussi disposés comme l'O dactylologique, vu de profil, dans la main cadméenne qui fait Οφθαλμος.

De même, nous venons de remarquer que l'E de Εθνος, figuré sur la pierre alphabétique, _⊐⫫_ , devient _⊫_ , lorsqu'il signifie *population nombreuse*.

On se convaincra bientôt que toutes ces combinaisons, compliquées en apparence, appartiennent à une intelligence au berceau, et qu'il faut en chercher l'explication dans la naïveté et l'ingénuité d'hommes dont les procédés conservaient quelque chose de l'innocence primitive, poussée souvent jusqu'à la puérilité.

En général, la compréhension des groupes les plus compliqués n'est difficile que par sa simplicité: l'imagination subtile s'élance au loin, alors qu'il suffit de se baisser.

Dans l'état actuel des connaissances archéologiques, il serait sans doute téméraire de classer les diverses espèces d'inscriptions cunéiformes suivant un ordre de dérivation numérique quelconque; toutefois il est naturel de penser que la graphie qui se rapproche le plus de la dactylologie, procédé primordial dans l'espèce humaine, doit être admise comme première en date, tandis que celle qui s'en éloigne davantage porte avec elle la preuve de sa postériorité.

Au nombre des obstacles que les érudits modernes rencontrent dans la lecture des cunéiformes, il faut placer au premier rang l'ignorance où ils sont de la langue primitive.

La pierre alphabétique, à laquelle nous devons la confirmation de la valeur phonétique des groupes cunéiformes, sanctionnera désormais la lecture véritable des textes assyriens. L'erreur vient toujours de ce qu'on s'obstine à chercher dans les langues vulgaires contemporaines ce qui ne saurait se trouver que dans la langue sacerdotale, première langue du genre humain.

Une autre difficulté qui se présente à la lecture des cunéiformes, consiste dans la variété des conventions locales. Les mains qui creusaient les caractères n'étaient pas seulement inhabiles, mais elles se mettaient en désaccord, sinon avec elles-mêmes, au moins avec les populations voisines : ainsi, Persépolis, Héliopolis, Ñinive, Ecbatane, avaient des habitudes graphiques dissemblables à celles de Babylone. Ce défaut d'uniformité exigera des recherches approfondies pour parvenir à la lecture d'un grand nombre d'inscriptions qui conservent encore, pour ainsi dire, quelque chose de babélique. Les variantes notables qu'on rencontre dans les copies faites par les voyageurs viennent ajouter encore à la confusion [1].

Les textes donnent plusieurs centaines de signes différents; mais la plupart de ces signes, qui d'abord paraissent si nombreux, affectent en partie les mêmes formes différemment orientées, parce que la dactylologie se manifestait de bas en haut, de haut en bas, par la droite et par la gauche, par devant et par derrière : ce sont des variétés purement apparentes.

[1] Voir Mémoire de Burnouf, pl. V.

Notre alphabet assyrien, si explicite, si formel, si conforme au texte de Clément d'Alexandrie, a pour objet
les acrologies ou langage prohellénique, et ne permet
pas de supposer que les signes qu'il classe dans leur
ordre naturel puissent servir à exprimer un langage différent.

Il faudra sans doute se livrer encore à de nombreuses
comparaisons et à des études assidues, avant de parvenir
à fixer la valeur certaine de tous les cunéiformes si
nombreux et d'un mirage si varié, relativement aux
seize signes de Cadmus, représentant la valeur phonétique des vingt-quatre lettres grecques.

Néanmoins, nous sommes heureux de pouvoir, à
l'aide de l'analogie, appuyé sur des monuments matériels,
proclamer la nature et le point de départ des cunéiformes, cette aurore de l'écriture, graphie ingénue des nations au berceau, qui, à quelques siècles de distance,
va toucher au déluge, sur laquelle les écrits littéraires
ne peuvent rien apprendre, bien qu'elle concorde d'une
manière si frappante avec la dactylologie et le langage
primitif. L'enchaînement logique des sigles bannit le
doute que l'inexpérience commence toujours par con-
cevoir : ce sont des arcades réclamant des matériaux
taillés pour leur courbure, et qui, s'ils ne s'adaptent
exactement, empêchent non-seulement la voûte de se
fermer, mais encore la forcent à s'écrouler.

Appliqué exclusivement au déchiffrement des cunéiformes babyloniens, pères de tous les autres, nous étions
peu disposé à nous livrer aux investigations que récla-
ment les nombreux dérivés, lorsqu'un hasard providen-

tiel est venu nous offrir une seconde pierre alphabétique (Pl. XIII), et jeter la lumière sur le genre en général,
dont elle nous révèle deux sortes :

> Cunéiformes verticaux,
> Cunéiformes horizontaux.

Nous en distinguons encore d'autres, mais sans en
avoir reconnu jusqu'ici la valeur exacte et précise :

> Cunéiformes équilatéraux,
> Cunéiformes cruciaux,
> Cunéiformes puncturaux, etc.,

dérivant de la position de la main ou des doigts, et parfois aussi de conventions plus ou moins arbitraires.

Cette pierre alphabétique des cunéiformes horizontaux renferme une hiéroglyphie remarquable qui spé-
cifie sa nature et son essence.

Στοιχεια Πρωτα Ορθουσων Σημασιων Μιμουμενων
Chevilles primordiales, suivant l'ordre des manifestations imitées,

Στηριζειν Σημεια Μνημονικα.
afin de fixer les signes mnémoniques.

Cet alphabet ne contient que vingt-six groupes sans
points et sans les sifflantes, qui sont omises. Le petit
nombre des caractères pourrait faire croire à une origine antérieure aux cunéiformes verticaux. Nous pen-
sons que ce second alphabet appartient à une nation
moins avancée dans la phonie, et dont le développe-
pement linguistique était resté inférieur à la prosodie en usage chez les peuples assyriens et syriens, et
dont les monuments plus nombreux, exécutés sur des
matières plus précieuses et d'un travail plus délicat, dé-

cèlent une provenance plus illustre, sans rien préjuger relativement à l'antériorité chronologique.

Il est essentiel de faire remarquer que les diverses espèces de cunéiformes ne sont ni tranchées ni exclusives, et que les groupes varient souvent dans leur contexture sans motif apparent. Nous voyons dans la catégorie des cunéiformes horizontaux des groupes dirigés diagonalement, sans toutefois que leur valeur phonétique soit changée : en général, c'est le nombre des obèles qui détermine leur valeur plus encore que l'orientation et l'agencement ; les chevrons comptent pour deux. Ces différents procédés avaient probablement pour objet de signaler des variations phonétiques, des usages locaux, et surtout un sens figuré.

On comprend combien l'interprétation des sigles dans le sens figuré est peu concluante pour la saine raison, la lecture graphique étant à l'interprétation figurée comme le positif est à l'arbitraire ; néanmoins ce procédé ayant été parfois en usage, il est nécessaire de le signaler, d'autant que, dans certaines circonstances, les inductions fournies par les sigles figurés peuvent éclaircir la valeur du sigle littéral.

Déjà l'expérience montre les deux pierres alphabétiques se complétant réciproquement ; on rencontre dans les inscriptions des groupes appartenant tantôt à l'une, tantôt à l'autre : ce qui décèle un point de départ, le même pour tous, tandis que l'application variait en raison des localités.

Une telle abondance de matériaux prêterait sans doute au développement d'un système ; mais nous avons

déjà manifesté notre aversion pour les idées systémati-
ques, source des erreurs du siècle et son ennemi le plus
décevant. Notre dessein est de fournir aux contempo-
rains les moyens de lire avec certitude dans les premières annales du monde. Nous ne recherchons point
le titre de novateur; à côté de la satisfaction d'apprendre quelque chose à ses semblables, se rencontre souvent le danger de les égarer : combien de sommités littéraires se sont élevées un instant, pour tomber de plus
haut! La lumière qui se fait jour à grand'peine est pré-
férable aux brillants lauriers décernés par l'engouement
ou par l'erreur; pour l'homme qui se trompe même de
bonne foi, il reste toujours l'inévitable conséquence
d'être victime dans l'avenir.

L'observation, qui scrute et apprécie tout, ne ratifie-
rait probablement qu'en partie le système que nous
pourrions essayer; et si nous accélérons une publication qui réclame l'auxiliaire du temps, c'est que, vieux
aujourd'hui, demain il serait trop tard.

Dans une matière aussi neuve, aussi complexe, aussi
étendue et pour ainsi dire aussi élastique, pour éviter
l'erreur qui se présente de toute part, nous avons hâte
de solliciter le concours des érudits actifs, les adjurant de
déposer les préjugés aux pieds de la vérité : convaincu que
des succès véritables ne tarderont pas à les récompenser.

De toutes les interprétations des égyptologues, qu'est-il
sorti en définitive? Avons-nous une seule phrase de morale, une seule phrase historique, une seule phrase de
mœurs, une seule proposition de quelque valeur? Rien
de tout cela.

On n'a pu distinguer que le néant des lieux communs; et que pouvait-on dire en effet, puisque la lecture n'était qu'une interprétation purement fictive et illusoire? Aujourd'hui le nombre des inscriptions élucidées de la manière la plus inattendue, et lues littéralement, se multiplie; elles révèlent les précieux arcanes de la plus haute antiquité, et comblent leurs heureux interprètes des jouissances les plus pures. On verrait au contraire l'obstination rester fatalement dans la voie d'une routine impuissante, et se couvrir de ridicule pour prolonger des illusions dont la réalité a déjà fait justice.

Avec quelle prodigieuse lenteur les hommes arrivent au raisonnable, quelque simple qu'il soit [1] !

Ainsi que pour la première pierre alphabétique, c'est ici l'hiéroglyphie qui expose le but et la nature des cunéiformes horizontaux [2] : mais cette fois encore, le texte détaillé et précis jetterait un grand jour sur la nature de ces essais graphiques, si nous n'avions pas exposé les principes qui les régissent.

Si l'hiéroglyphie de ce remarquable monument ne nous a point fourni de notions nouvelles, elle est venue ratifier d'une manière incontestable tout ce que précédemment nous avions avancé.

L'allégorie des signes hiéroglyphiques est remarquable. Les deux sphinx (le grand et le petit) apprennent que l'écriture cunéiforme n'était point l'apanage du vulgaire, qu'elle devait être interprétée et expliquée par

----

[1] Fontenelle, de l'Origine des fables.
[2] Planche XIII.

les érudits dans la langue savante ; de là les deux sphinx.

L'explication de l'alphabet horizontal se divulgue par la position du premier groupe placé en haut à l'angle gauche : il montre la position d'une main horizontale, dont les phalanges de l'index qui fait l'A dactylologique ont cette direction, tandis que les trois doigts restants sont traversés par un obèle allongé simulant le pouce, en conservant la même orientation.

L'application des caractères de ce nouveau monument aux textes cunéiformes horizontaux, sera conforme au procédé qui régit les cunéiformes babyloniens.

Nous avons lu sur la face d'un autel destiné aux sacrifices humains une sentence de mort [1], où se trouvent réunies les diverses espèces de cunéiformes, le vertical, l'horizontal, le punctural, etc. Ayant reconnu d'une manière certaine la majorité des caractères, nous avons pu apprendre par induction la valeur de ceux qui n'appartenaient point à ces catégories. L'expérience et la comparaison banniront bientôt toute hésitation de ce genre, une inscription facilitant la lecture des analogues.

Les fouilles de Ninive se continuent avec grand succès, celles de Babylone commencent ; les collections particulières se multiplient : on doit espérer que de tout cela surgiront des monuments dont la connaissance complétera les alphabets des différentes sortes, alphabets précieux que les ténèbres amoncelées sur les cunéiformes couvraient de toute leur épaisseur, et tenaient à

---

[1] Trois colonnes verticales creusées dans la pierre étaient destinées à recevoir la matière sur laquelle se trouvait l'inscription, probablement mobile.

l'état de lettre morte dans les mains de leurs possesseurs ; aujourd'hui que l'on connaît la disposition graphique, on retrouvera, espérons-le, entre les mains de
leurs dépositaires des pierres alphabétiques afférentes
aux diverses espèces de cunéiformes, ce qui abrégerait
le travail de l'observation, et donnerait toute certitude
aux traductions.

Nous avons vu que le geste donna à l'homme le premier moyen de manifester sa pensée ; sa voix, jusqu'alors
sans signification, vint s'associer au geste et en reçut une
valeur déterminée : le besoin de spécialiser amena la
dactylologie, qui est elle-même un geste particulier. Jusqu'à la confusion de Babel, une langue unique, patriarcale et prohellénique régnait partout ; après la dispersion des lèvres, elle demeura la langue sacerdotale et
savante. C'est aux doigts de la main qui représentaient la
phonie, que les premiers hommes demandèrent le miracle de la graphie, et les cunéiformes préparèrent les voies.
    L'expérience nous démontre cette vérité, que toutes
les graphies d'une haute antiquité ont puisé leurs éléments dans la dactylologie ; et nous ne craignons point
le reproche d'exagération, lorsque nous affirmons que
l'application de ce principe pour le déchiffrement de
toutes les écritures archaïques employées par la langue
patriarcale fournira, à l'aide du temps, plus de documents certains et inattendus que ne sauraient en donner Herculanum, Pompéi et Stabies. La plus belle récolte appartiendra aux plus empressés.
    De la dactylologie cunéiforme prohellénique on passa

tout naturellement à l'écriture. La première graphie des Hébreux fut la samaritaine, visiblement calquée sur la dactylologie; les Phéniciens prirent chez les Hébreux l'art d'écrire, et Cadmus importa en Grèce leurs lettres en conservant les noms araméens : Pisistrate y trouva les moyens de graphier Homère. La langue grecque resta longtemps l'unique interprète des monuments litté-raires; passant à Rome, Ennius adapta au latin les caractères dont la Grèce faisait usage, et la langue des vainqueurs du monde devint à son tour universelle. Jusqu'à l'avénement d'Otfrid (843), les langues vulgaires ne purent se graphier; ses émules furent lents à le suivre dans la carrière, et la Germanie inférieure fut plus lente encore. De là une source d'erreurs, car on regarda comme textes primitifs les manuscrits premiers graphiés, alors que des chants originaux transmis oralement ne furent fixés sur la matière que plus tard, et pour plusieurs, à l'époque seulement où les scribes jouissaient du repos que leur faisait la presse.

On trouve en Assyrie, en Perse et chez les Syriens, l'écriture siglique de la langue patriarcale en signes hié-roglyphiques comme en signes cunéiformes et souvent simultanément. Vers le temps d'Alexandre arrivent les inscriptions en toutes lettres et en vieux caractères grecs.

Il est un terrain commun entre les Assyriens et les Égyptiens : c'est l'hiéroglyphie.

Les hiéroglyphes et les caractères cunéiformes se lisent de la même manière, dans la même langue, et par la même acrologie. Chez les Égyptiens, le sigle est donné par les

objets représentés hiéroglyphiquement, tandis que chez
les Assyriens le sigle est fourni par la représentation
grossière des doigts de la main dactylologique, en suivant des conventions particulières pour les curvilignes
et les différents aspects des doigts. Nous trouvons toujours autant de mots qu'il y a de groupes, tandis que
les savants qui ont écrit sur les cunéiformes croient
voir trois ou quatre mots là où il y en a douze ou seize;
et ces mots, ils vont les chercher dans les langues
vulgaires de l'Orient, alors qu'ils sont purement prohel-
léniques. Le point qui d'ordinaire sépare chaque sigle
aurait dû les mettre sur la voie : la haute antiquité n'a
jamais formulé l'écriture en toutes lettres, les sigles lapidaires en font foi.

La pierre alphabétique babylonienne ne nous est
parvenue que postérieurement et comme preuve à l'ap-
pui. Cette assertion rencontrera peut-être des incrédu-
les; mais si l'on considère que cette même pierre, toute
révélatrice qu'elle est, eût été complétement muette
pour ceux qui ne lisent pas les hiéroglyphes dans la
langue primitive, qui ne reconnaissent ni la dactylologie, ni l'acrologie, et qui prétendent lire en toutes lettres
et en langues vulgaires, on est forcé de reconnaître que,
pour tout autre que nous, ce monument, quelque précieux qu'il soit, fût resté incompris et stérile.

La coïncidence entre la lecture des hiéroglyphes et
celle des groupes cunéiformes sortis de la même source
ajouterait un degré de certitude de plus à la démons-
tration du langage primitif, s'il en était besoin. L'immense concours des antiques monuments traditionnels

encore existants, rend la doctrine dactylologique maté-
rielle et conséquemment incontestable. Un nouvel uni-
vers apparaît par l'application de pratiques désormais
éprouvées. Il faut enfin que le système littéraire cède
à la doctrine des traditions : sous la puissance de la
typographie, la vérité ne saurait être longtemps étouffée ;
le courage de la dire est aussi impérieux que le devoir de
l'entendre. L'homme auquel on nie la locomotion se
lève et marche, sans demander avis à personne : ce n'est
pas notre faute, si la vérité blesse ceux qui lui tournent
le dos; les coutumes primordiales simples et logiques
s'affermissent et se propagent réciproquement, elles n'ont
plus à faire leurs preuves. Les monuments parlent, et
commandent la conviction; il faut que les intelligences
ordinaires soient amenées à la partager, ce qui se fera
à l'aide du temps, mais en France plus tard qu'ailleurs,
parce que les choses passionnées, brillantes et superfi-
cielles, y captivent tous les esprits.

La reconnaissance nous oblige de déclarer que si nous
avons osé entreprendre la lecture des cunéiformes, nous
le devons aux honorables encouragements accordés par
Rome à nos travaux. Aujourd'hui nos efforts sont cou-
ronnés de succès : puisse la gloire en revenir à la ville
éternelle !

*La suite à quelque temps.*

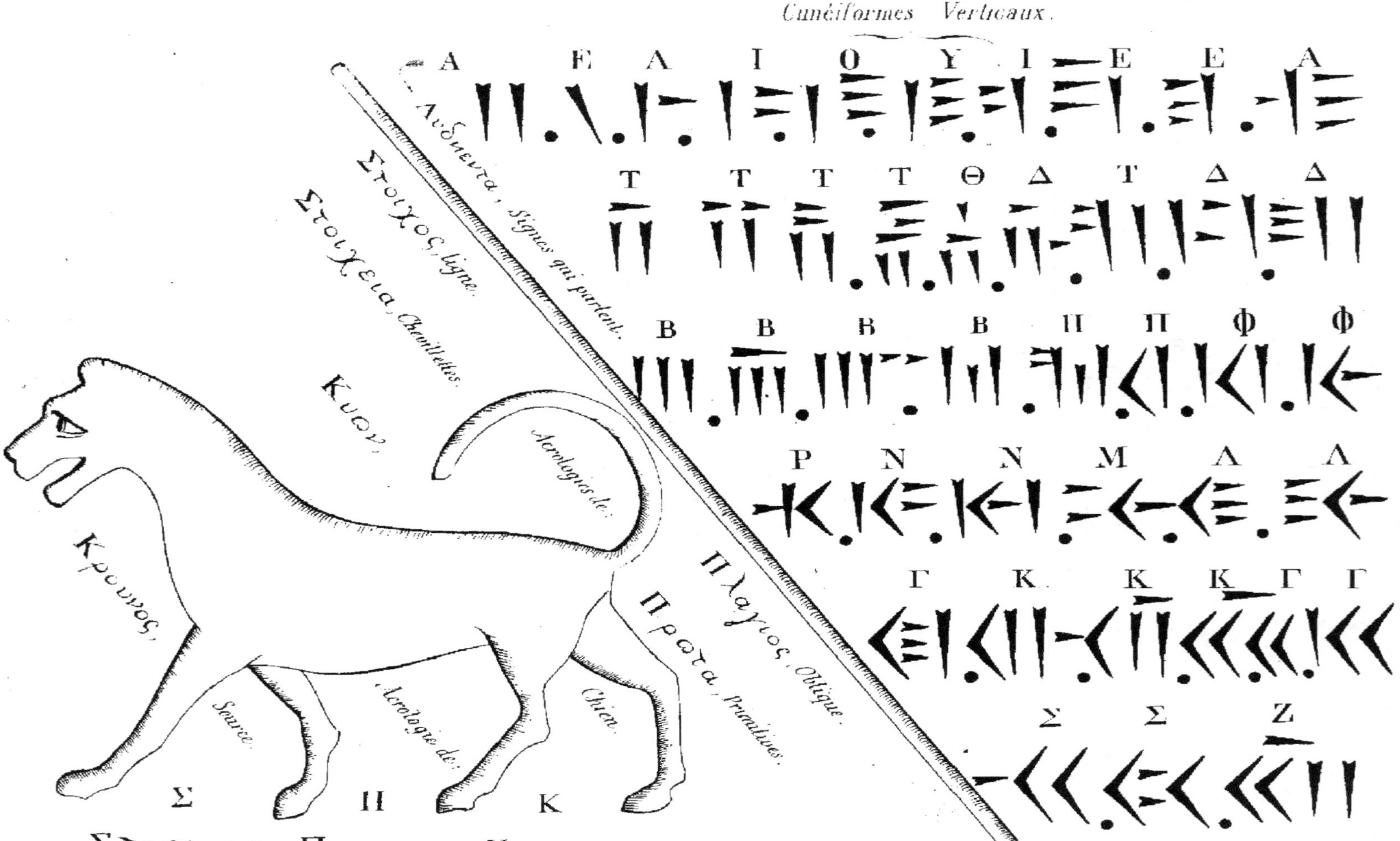

Cunéiformes Verticaux.

A E Λ I O Y I E E
T T Θ Δ T
B B Π Π Φ
P N N M Λ Δ
Γ K K Γ
Σ Σ Z

Στοιχος, ligne.

Στοιχεια, Chevillettes.

Αυδηεντα, Signes qui parlent.

Πλαγιος, Oblique.

Πρωτα, Primitives.

Στοιχειον Πρωτον Κρουνος
Origine des premières brochettes.

Acrologies de:

Chien.

Acrologie de:

Souris.

Κυον,

Κρουνος,

Π

Κ

Σ

Imp. Lemercier, r. de Seine 57 Paris.

B  Βλαπτοντας  dangereux.
T  Τους,  les
Δ  Διωκων  chassant
B  Βακτριανης  de la Bactriane ;
E  Εθνει  au Peuple
Σ  Σεβαστον  révéré
B  Βασιλεα  un Roi
E  Επιδους  et donnant
I  Ινδων  des Indiens,
E  Εριδας  les discordes
Δ  Δαμαζων  en domptant
A  Αεισθενος  sa puissance
E  Επιφαινει  manifeste
N  Ζευς  Jupiter
    Ιερος  le divin



N  Ναω  dans le temple
B  Βαπτομενοι  en se purifiant
Γ  Γαδεσθαι  et de se réjouir ;
K  Καθαρμον  l'expiation.
E  Εδνοις  par des présents
B  Βεβαιουν  l'assurer
K  Κελευοντι  ordonnant
Λ  Ανακτι  Roi
N  Νεω  Le nouveau
E  Ειρηνης  par la paix
B  (Παρα) Βασιλεως  du Monarq
T  Τευξεται  gagnera le pardon
E  Εικη  à la débandade.
Φ  Φυγων  ayant fui
Σ  Στρατος  l'armée

12.e Ligne.

| | | |
|---|---|---|
| Τ | Ταχεια | prompte. |
| Φ | Φ(θ)ημις | Justice |
| Ν | Νυν | actuels. |
| Β | Βιαις | des attentats |
| Ξ | Ξανων | étant fatigué |
| Ν | Ζωρους | les pères. |
| Ε | Εναιρεσθαι | et assassinent |
| Ξ | Ξενουσθαι | dépouillant |
| Κ | Κακων | de ce que les méchants |
| Λ | Αγανακτων | mécontent |
| Ν | Νεικη | les rixes, |
| Ε | Ειργει | défend |
| Β | Βασιλευς | Roi |
| Τ | Τροφιμος | Le nourricier. |

13.e et dernière ligne.

| | | |
|---|---|---|
| Φ | Φυλης | de la tribu. |
| Τ | Τοπω | le Pays |
| Ο | Ο... | dans l'eau. |
| Ζ | Ζαν | s'établir |
| Ε | Εμμενειν | demeurer. |
| Σ | Σβενουσι | ils peuvent |
| Β | Βιοτω | avec leurs biens |
| Β | Βελτιστους | les principaux |
| Ν | Ζωρους | les (hommes) pères |
| Σ | Σεβειν | (et de) respecter |
| Ε | Εραν | d'aimer |
| Τ | Τεκνα | enfants. |
| Κ | Καινα | ses nouveaux |
| Τ | Τρεφειν | de nourrir |
| Ε | Επιμελησεται | aura soin |
| Β | Βασιλευς | Le Roi |

# PIERRE BABYLONIENNE
## Dernières Supplications.

Pl. XI.

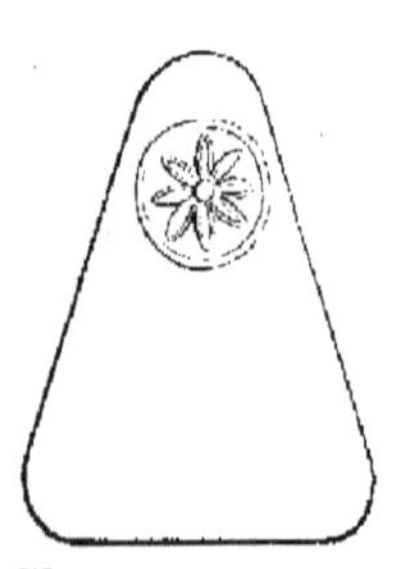

Πυραμις    Ac. de

1er Côté.

Κοσυμβος    rosace
acrol. de
Κυδος    gloire

2e Côté.

Φρυγιανον    broderie
Φουα    Phua?

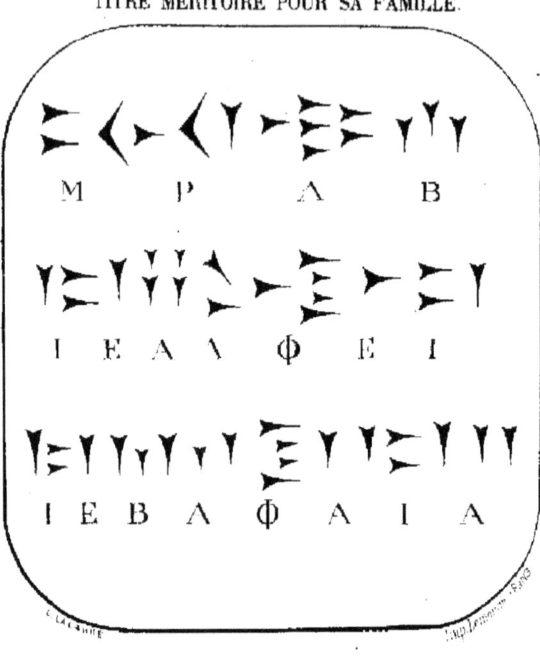


Πελλα,    sceau.

3e Côté.

Le sang étant versé,
l'âme s'envole au ciel.

4e Côté.

Profil de Phual.

| | |
|---|---|
| Μαχαιρα | bienheureuse |
| Ρεχθεισα | ayant été sacrifiée |
| Λαω | pour le peuple |
| Βουλομενη | volontairement. |
| Ιλασκεται | Elle est propice |
| Εθνει | à la nation, |
| Αδελφοις | à ses frères, |
| Ανεμιοις | à ses parents, |
| Φιλοις | à ses amis. |
| Επουρανια | Étoile |
| Εγρηγορικη | vigilante. |
| Ιστιη | protectrice, |
| Ιερα | sainte, |
| Ιδιοποιουμενη | allégeant |
| Ελωρα | les punitions, |
| Βαραθρα | les maux, |
| Αλγη | les souffrances; |
| Φρατρια | pour sa famille |
| Αμυμονι | illustrée, (elle est) |
| Ιωγη | un abri |
| Ασφαλης | assuré, |

# ACTE DE MARIAGE ASSYRIEN.

Sceau en pierre dure et conique, gravée pour empreintes.

*même grandeur.*

Cuneiformes horizontaux.

Echelletes primordiales, suivant l'ordre des manifestations, imitées afin de fixer les Signes Mnémoniques.

# INSCRIPTION

Gravée sur un Autel Babylonien, destiné aux Sacrifices humains.

# ROI PASTEUR.

## MONUMENT SYRIEN EN BASALTE

### REMONTANT VERS LE TEMPS D'ABRAHAM.

62 centimètres.

| | |
|---|---|
| Ιηνη | croissant |
| ιαρδαλις | léopard |
| ασταζω | porter |
| φιγξ | sphinx |
| ενταυρος | centaure |
| αβαλλης | cheval |
| ετος | aigle |
| )φις | serpent |
| εων | lion |

—

| | |
|---|---|
| ιατριαρχης | patriarche |
| ιηδον | gouverneur |
| ιοιμην | pasteur |

L. LALANNE
Imp. Lemercier, Paris.


ACROLOGIE.

| | |
|---|---|
| Μαρναμαι | Je com |
| Ποιμην | (moi) F |
| Βασιλευς | Roi, |
| Σιντας | les brig |
| Κλεπτας | les vole |
| Κακους | les lâch |
| Αθεους | les ath |
| Οχνους | les par |
| Λυμαντας | les dév |

—

| | |
|---|---|
| Πρεσβυς | chef |
| Πρυτανις | protec |

Ε Τ(Δ) Λ Φ Δ Δ Λ Β(Π) Ρ Λ Δ Β Κ

Α Ν Ε Λ Κ Α Ι Σ Τ Ν Β

| | | |
|---|---|---|
| Ε | Εγχει | Par la javeline |
| Τ | Τειρων | punissant, |
| (Δ) | Δημιων | domptant, |
| Α | Αθεους | les athées, |
| Φ | Φηλους | les imposteurs, |
| Δ | Δριμεις | les violents, |
| Δ | Δεινους | les malfaiteurs, |
| Λ | Λαγνας | les libertins; |
| Β | Βοσκος | le nourricier (moi), |
| (Π) | Ποιμην | le Pasteur (Roi), |
| Ρ | Ρεζοντας | les religieux, |
| Λ | Λαρους | les paisibles, |
| Δ | Διωκων | recherchant, |
| Β | Βοηθων | les secourant, |
| Κ | Κορεννυων | les repaissant, |
| Α | Αγελαις | (ainsi que) leurs troup |
| Ν | Νικων | sachant dompter |
| Ε | Εναιρων | et détruire |
| Λ | Λιμος | la famine : |
| Κ | Κολον | la nourriture |
| Α | Ανακτι | du chef |
| Ι | Ιδια | étant la compétence, |
| Σ | Σαος | sains et saufs |
| Τ | Τυγχανουσι | devant être |
| Ν | Νομει | le Pasteur et |
| Β | Βοταις | ses bergers. |

# LES DOUZE PIERRES PRÉCIEUSES

## FORMANT LES NOMS DES DOUZE TRIBUS D'ISRAËL,

### SUIVANT LE MODE SIGLIQUE DES CACHETS.

| Noms des pierres. | Noms traditionnels prohelléniques. | Noms et interprétations bibliques. | Garants. |
|---|---|---|---|
| אדם<br>Ruben. Odem. | Ερυθρα,<br>rouge. | Ειδω.<br>voir. | *Genèse*, XXIX, 32. |
| פטדה<br>Siméon. Pitda. | Ανθοκροκος,<br>jaune. | Ακουω,<br>entendre. | *Ibid.*, XXIX, 33. |
| ברקת<br>Lévi. Bareket. | Λαμπρα,<br>brillante, | Λαμβανω,<br>épouser. | *Ibid.*, XXIX, 34. |
| נפך<br>Juda. Nophech. | Εχθρος,<br>victorieuse. | Εξομολογεω,<br>louer. | *Ibid.*, XXIX, 35. |
| ספיר<br>Issachar. Sappir. | Κυανος,<br>bleue, saphir. | Κονεω,<br>être salarié. | *Ibid.*, XXX, 18. |
| יהלם<br>Zabulon. Iahalom. | Φαλαρα,<br>blanche, jaspe. | Φυλασσω,<br>demeurer. | *Ibid.*, XXX, 20. |
| לשם<br>Dan. Leschem. | Φαρμακον,<br>remède, ligure. | Φραζω,<br>exaucer. | *Ibid.*, XXX, 6. |
| שבו<br>Nephthali. Scheho. | Εφιππος,<br>affermissante. | Εμπεδος,<br>inébranlable. | *Ibid.*, XXX, 8. |
| אהלמה<br>Gad. Ahhlama. | Ευτολμος,<br>courageuse, cristal. | Ευτυχια,<br>bonne fortune. | *Ibid.*, XXX, 11. |
| תרשיש<br>Aser. Tharschisch. | Πεψις,<br>digestive, chrysolithe. | Προχωρεω,<br>être heureux. | *Ibid.*, XXX, 13. |
| שהם<br>Joseph. Schoham. | Σπουδια,<br>gracieuse. | Συναυξανω,<br>Accroître. | *Ibid.*, XXX, 24. |
| ישפה<br>Benjamin. Ioschephè. | Αιμα,<br>Calmant, améthyste. | Αισιος.<br>de bon augure. | *Ibid.*, XXXV, 18. |

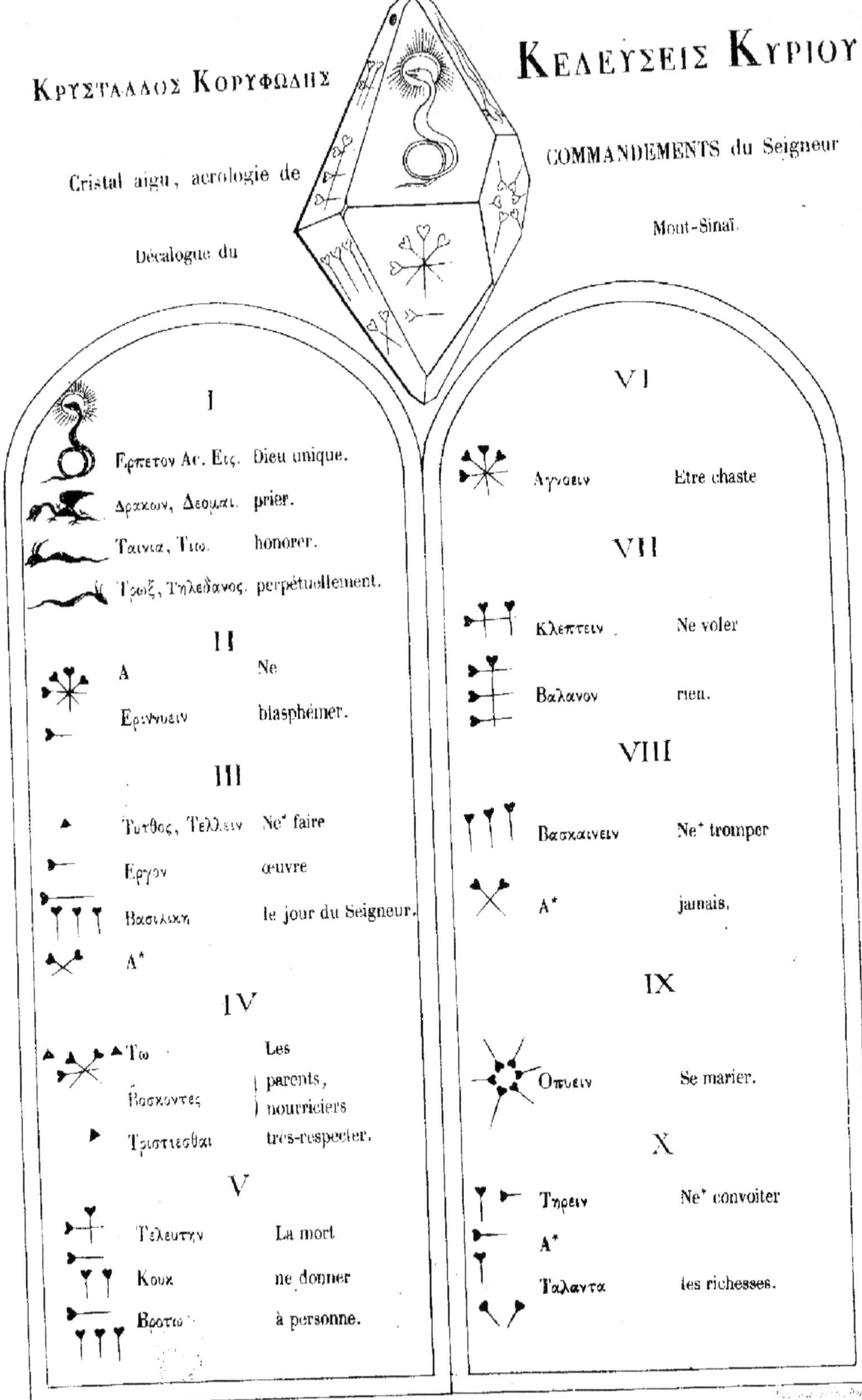

PL. XVII
ΚΡΥΣΤΑΛΛΟΣ ΚΟΡΥΦΩΔΗΣ
ΚΕΛΕΥΣΕΙΣ ΚΥΡΙΟΥ
Cristal aigu, acrologie de
COMMANDEMENTS du Seigneur
Décalogue du
Mont-Sinaï.
I
Ερπετον Αϛ. Εις. Dieu unique.
Δρακων, Δεομαι. prier.
Ταινια, Τιω. honorer.
Τρωξ, Τηλεθανος. perpétuellement.
II
A Ne
Ερινυειν blasphémer.
III
Τυτθος, Τελλειν Ne° faire
Εργον œuvre
Βασιλικη le jour du Seigneur.
A*
IV
Τω Les
Βοσκοντες parents, nourriciers
Τριστιεσθαι très-respecter.
V
Τελευτην La mort
Κουκ ne donner
Βροτω à personne.
VI
Αγνοειν Etre chaste
VII
Κλεπτειν Ne voler
Βαλανον rien.
VIII
Βασκαινειν Ne° tromper
A* jamais.
IX
Οπυειν Se marier.
X
Τηρειν Ne° convoiter
A*
Ταλαντα les richesses.
LALANNE
Deux des figures hiéroglyphiques ne sont pas apparentes sur le cristal parce qu'elles occupent les facettes de côté.